应用型教育数智化财会专业"十四五"系列教材
校企合作精品教材

证券投资实务

主 编 李晓林 梁 盈 刘段艾君
副主编 官成金 李莎莎 张蔼然

华中科技大学出版社
http://press.hust.edu.cn
中国·武汉

图书在版编目(CIP)数据

证券投资实务/李晓林,梁盈,刘段艾君主编. —武汉:华中科技大学出版社,2023.1
ISBN 978-7-5680-8934-0

Ⅰ.①证… Ⅱ.①李… ②梁… ③刘… Ⅲ.①证券投资 Ⅳ.①F830.91

中国国家版本馆 CIP 数据核字(2023)第 004980 号

证券投资实务
Zhengquan Touzi Shiwu

李晓林　梁　盈　刘段艾君　主编

策划编辑:聂亚文	
责任编辑:段亚萍	
封面设计:孢　子	
责任监印:朱　玢	
出版发行:华中科技大学出版社(中国·武汉)	电话:(027)81321913
武汉市东湖新技术开发区华工科技园	邮编:430223
录　　排:武汉创易图文工作室	
印　　刷:湖北恒泰印务有限公司	
开　　本:787mm×1092mm　1/16	
印　　张:12.25	
字　　数:321 千字	
版　　次:2023 年 1 月第 1 版第 1 次印刷	
定　　价:56.00 元	

本书若有印装质量问题,请向出版社营销中心调换
全国免费服务热线:400-6679-118　竭诚为您服务
版权所有　侵权必究

前言

本书编写于北京证券交易所开市之际,中国证券市场正发生着翻天覆地的变化,中国证券市场的知识体系和操作技能不断更新。在编写本书的过程中,编者坚持现实性和前瞻性相统一的原则,秉承理论与实践相结合的教学理念,力求实现应用型本科院校和高职高专院校财经商贸专业大类人才培养的目标,并满足读者提高证券投资技能的需求。

本书是校企合作"双元"开发工作手册教材,按照"以学生为中心、学习成果为导向、促进能力提升"的思路进行开发设计,基于免费的证券投资软件,构建深度学习体系,具有以下特色:

第一,注重实用性。本书注重证券投资的操作规程和实践方法,通过同花顺手机端应用程序,让学生对证券投资实务操作有更真切的体验,方便学生随时随地了解风云变幻的资本市场,满足学生个性化学习需求。

第二,突出前瞻性。本书关注学科发展动态和社会焦点问题,紧密联系证券市场发展形势,引用最新的时事资料和研究成果,力求贴近和反映中国资本市场近年来的改革实践,满足证券投资教学质量提升的需求。

第三,融入课程思政。本书在严格遵循教学目标和教学内容的前提下,深入挖掘证券投资课程中蕴含的思政元素,通过"职业素养点拨"和"拓展阅读"等模块,实现知识传授与价值引领的有机结合,引领学生树立正确的投资理念,做理性投资人。

在本书的编写过程中,参考了大量有关证券市场的著作、各大门户网站的资讯和股评高手的评析,将其精华融汇渗透和充实在书中,在此一并表示感谢。

中国证券市场处于快速发展时期,新业务、新规则不断推出,理论也在不断更新,这些变化对个人的知识体系和认知能力都是极大的挑战。因作者专业功底、知识水平所限,书中难免存在不妥之处,敬请读者批评指正。

目录

项目一 认识证券市场 ... 1
- 任务一 证券市场入门 ... 2
- 任务二 了解证券市场的基础工具 ... 6

项目二 了解证券交易 ... 15
- 任务一 证券模拟交易软件的下载和使用 ... 16
- 任务二 股价指数的盘面识读 ... 23
- 任务三 个股的盘面识读 ... 30

项目三 证券投资的宏观经济分析 ... 36
- 任务一 宏观经济运行对证券市场的影响分析 ... 37
- 任务二 宏观经济政策对证券市场的影响分析 ... 44

项目四 证券投资的行业分析 ... 52
- 任务一 行业的生命周期分析 ... 53
- 任务二 行业的市场结构分析 ... 59
- 任务三 证券投资的行业选择 ... 63

项目五 证券投资的公司分析 ... 68
- 任务一 公司基本素质分析 ... 69
- 任务二 公司财务分析 ... 76

项目六 K线分析 ... 87
- 任务一 单根K线形态识别 ... 88
- 任务二 K线组合分析 ... 96

项目七 切线分析 … 103

任务一 认识切线理论 … 104
任务二 趋势线分析 … 106
任务三 支撑线和压力线分析 … 111
任务四 黄金分割线与百分比线分析 … 115

项目八 形态分析 … 119

任务一 反转形态识别与分析 … 120
任务二 整理形态识别与分析 … 132

项目九 技术指标分析 … 142

任务一 了解技术指标的应用法则和注意事项 … 143
任务二 均线理论分析 … 146
任务三 相对强弱指数分析 … 154
任务四 威廉指数分析 … 158
任务五 随机指标分析 … 162

项目十 证券投资风险与防范 … 168

任务一 认识证券投资风险 … 169
任务二 证券投资组合管理 … 174
任务三 证券投资风险防范技巧 … 178

附录 … 184

附录A 股市常用术语 … 185
附录B 股票代码前常见字母的含义 … 189
附录C A股市场谚语、俗语 … 189

项目一

认识证券市场

ZHENGQUAN TOUZI SHIWU

本项目主要介绍证券市场的基本概念及证券市场的基础工具,帮助读者初步了解投资品种类型。

1. 了解证券市场的概念及运行机制;
2. 了解我国多层次资本市场结构;
3. 掌握证券投资的基础工具。

职业素养点拨

机会总是留给有准备的人

证券市场的赚钱效应往往会让从不懂证券的人壮胆"下海",这种莽汉似的冲动无疑是非常危险的,可能会付出沉重的代价。机会是无限的,资金是有限的,做好充分的准备是证券投资入门前的必修功课。

任务一 证券市场入门

任务描述

假设你是一个投资"小白",第一次参观某证券公司营业部时,当你看到了市场中琳琅满目、数以千计的金融产品,听到了林林总总的市场分类与提法,相信你难免会感到疑惑:全国 2 亿多的投资者是通过什么方式如此高效、有序地参与到证券市场中来的?投资者能够参与哪些市场?如何参与这些市场?哪个市场更加符合自身的风险偏好与投资目标?……

让我们带着这些疑问,一起开始本任务的学习!

任务要求

了解证券市场的基本概念、分类,为后续学习打下坚实的基础。

任务实现

一、证券市场

证券市场是证券发行和交易的场所,其实质是资金的供给方和资金的需求方通过竞争决定证券价格的场所,可分为证券发行市场和证券交易市场。

(一)证券发行市场

证券发行市场又称一级市场或初级市场,是发行人以筹集资金为目的,按照一定的法律法规和发行程序向投资者出售新证券所形成的市场。证券发行市场体现了证券由发行主体流向投资者的市场关系。

(二)证券交易市场

证券交易市场又称二级市场或次级市场,是已发行的证券通过买卖交易实现流通转让的场所。证券经过发行市场的承销后,即进入流通市场,它体现了新老投资者之间投资退出和投资进入的市场关系。

二、证券市场的构成要素

证券市场由证券发行人、证券投资者、证券市场中介机构、自律性组织和证券监管机构等要素构成。

(一)证券发行人

证券发行人是指为筹措资金而发行债券、股票等证券的政府及其机构、金融机构和其他企业,是证券市场的证券供应者和资金需求者。发行人的数量和发行证券的数量、发行方式决定了发行市场的规模和发达程度。

(二)证券投资者

证券投资者是指通过证券进行投资的各类机构法人和自然人,是证券市场的资金供应者和证券需求者。投资者人数多少和资金实力的大小同样制约着证券市场的发展规模。根据财产状况、金融资产状况、投资知识和经验、专业能力等因素,证券投资者可分为机构投资者和个人投资者两类。专业投资者的标准由国务院证券监督管理机构规定。截至2022年3月底,我国证券市场投资者数量已突破2亿。

1. 机构投资者

机构投资者是指从事证券买卖的法人单位,主要有金融机构、企业法人、事业单位及政府机构、社会团体等。机构投资者一般具有资金实力雄厚,收集和分析信息能力强,能够分散投资于多个证券来建立投资组合以降低风险,对整个市场影响力较大等特点。

自我国证券市场成立以来,机构投资者在数量和规模上获得了较快的发展,以证券投资基金、保险资金、社保基金、企业年金和合格境外机构投资者等为主要力量的专业投资者已成为我国资本市场稳定发展的重要主导力量。

2. 个人投资者

个人投资者是指以自然人身份从事证券交易的投资者,是证券市场最广泛的投资者。个人进行证券投资必须具备一些基本条件,包括符合国家有关法律、法规关于个人投资者投资资格的规定和个人投资者必须具备一定的经济实力。为了保障证券市场规范发展,引导投资者理性参与证券交易,保护投资者合法权益,对于部分高风险证券产品的投资,实行投资者适当性管理制度。

(三)证券市场中介机构

证券市场中介机构是指为证券的发行与交易提供服务的各类机构,包括证券公司和其他证券服务机构。证券市场中介机构是连接证券投资者与筹资人的桥梁,证券市场功能的发挥在很大程度上取决于证券中介机构的活动。证券中介机构的经营服务活动沟通了证券需求者与供应者之间的联系,不仅保证了各种证券的发行和交易,还起到了维护证券市场秩序的作用。

（1）证券公司，是指依法设立可经营证券业务的、具有法人资格的金融机构。证券公司的主要业务有承销、经纪、自营、投资咨询、购并、受托资产管理、基金管理等。

（2）证券服务机构，是指依法设立的从事证券服务业务的法人机构，主要包括会计师事务所、资产评估机构、律师事务所、证券信用评级机构、证券投资咨询公司等。

（四）证券行业自律性组织

根据 2020 年 3 月 1 日起实施的修订后的《中华人民共和国证券法》（以下简称《证券法》）的规定，我国证券行业自律性组织包括证券交易所、证券行业协会和证券登记结算机构。

1. 证券交易所

证券交易所，是提供证券集中竞价交易的场所，是不以营利为目的的法人。其主要职责有提供交易场所与设施，制定交易规则，监管在该交易所上市的证券及其会员交易行为的合规性、合法性，确保证券交易所的公开、公平和公正。目前，我们接触最多的证券交易所是上海证券交易所、深圳证券交易所。2021 年 11 月 15 日开市的北京证券交易所，核心目的是为创新型中小企业打通直接融资渠道，让广大的投资者拥有投资参与分享创新型中小企业快速成长的红利。北交所将与上交所、深交所形成行业与企业发展阶段上的差异互补和良性竞争。

2. 证券行业协会

证券业协会是证券行业的自律组织，是社会团体法人，具有政府与证券经营机构之间的桥梁和纽带作用，负责维护投资者和会员的合法权益，完善证券市场体系，促进证券业的发展。根据 2020 年 3 月 1 日起实施的修订后的《证券法》的规定，证券公司应当加入证券业协会。我国证券行业协会主要有中国证券业协会、中国证券投资基金业协会、中国上市公司协会和中国国债协会等。

3. 证券登记结算机构

证券登记结算机构是为证券交易提供集中的登记、托管与结算服务的专门机构，是不以营利为目的的法人。我国的证券登记结算业务由 2001 年 3 月 30 日成立的中国证券登记结算有限责任公司及其下属的上海分公司、深圳分公司、北京分公司和香港子公司承担。根据《证券登记结算管理办法》，我国证券登记结算机构实行行业自律管理。

（五）证券监管机构

证券监管机构是依法制定有关证券市场监督管理的规章、规则，并依法对证券的发行、上市、交易、登记、托管、结算以及证券市场的参与者进行监督管理的部门。在我国，证券监管机构是中国证券监督管理委员会（证监会）及其派出机构。中国证监会成立于 1992 年 10 月，是国务院直属事业单位，是全国证券、期货市场的监管部门，依照法律、法规和国务院授权，统一监督管理全国证券期货市场，维护证券市场的公开、公平、公正，防范系统性风险，维护投资者合法权益，促进证券市场健康发展。中国证监会在省、自治区、直辖市和计划单列市设立了 36 个证券监管局以及上海、深圳证券监管专员办事处。派出机构受中国证监会垂直领导，依法以自己的名义履行监管职责，负责辖区内的一线监管工作。

> **拓展阅读**
>
> **详解北交所：打造多层次资本市场，拥抱中小微企业**
>
> 在资本市场上，不同的投资者与融资者都有不同的规模大小与主体特征，存在着对资本市场金融服务的不同需求。投资者与融资者对投融资金融服务的多样化需求决定了资本市场应该是一个多层次的市场经济体系。
>
> 2021年9月2日，习近平总书记在中国国际服务贸易交易会全球服务贸易峰会上发言称，将继续支持中小企业创新发展，深化新三板改革，设立北京证券交易所，打造服务创新型中小企业主阵地。
>
> 随着一系列细则逐步推出，北京证券交易所的建设思路和发展定位也逐渐清晰，即牢牢坚持服务创新型中小企业的市场定位，聚焦在"专精特新"的中小企业。
>
> 目前，我国已形成包括主板、创业板、科创板、新三板和区域股权交易市场在内的多层次资本市场格局。其中上交所、深交所的上市门槛较高，结构已经定型，无法向中小微企业敞开大门。新三板过往的市场活力不足，需要对创新型中小企业做出更有效的支持。
>
> 此时北交所的推出，恰是在这一领域做出有力的补充（见图1-1）。北交所作为新三板更加成熟的延伸方向，与沪深交易所错位发展。在投资要求方面，北交所注重吸引合格投资者，更加适合机构和长期资金参与。
>
>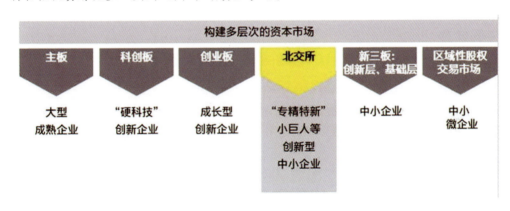
>
> 图1-1 构建多层次的资本市场

巩固与练习

1. 浏览中国证券监督管理委员会网站，查询_____年"合格境外投资者名录"。
2. 浏览中国证券业协会网站，查询"证券公司名录""证券投资咨询公司名录"和"证券评级机构名录"等证券市场中介机构情况。
3. 通过互联网查询中国内地主要证券交易所的最新资料，在表1-1中填写相关信息。

表 1-1　中国内地主要证券交易所相关资料

交易所名称	成立时间	上市公司总数	总　市　值	主要上市品种

任务二　了解证券市场的基础工具

任务描述

证券投资是指个人或机构投资者购买资本证券以获取收益的行为和过程。那么证券投资的基础工具有哪些呢？

任务要求

了解证券投资品种及种类、数量信息，掌握股票、债券和基金的概念，掌握各种证券投资基础工具的特点，为后续学习打下基础。

任务实现

一、股票

最常见、最具有代表性的证券是股票。

股票是股份有限公司为筹集资金发行给各个股东作为持股凭证并借以取得股息和红利的一种有价证券。

股份有限公司的全部资本被分为许多等值的单位，叫作股份。它是股份有限公司资本的基本单位和股东法律地位的计量单位，占用一个单位，就称占有一股份，每一股份代表对公司净资产占有一定的份额。

（一）股票的特点

相对于其他证券，股票具有以下几个特点。

1．收益性

股票的收益性主要表现在股票的持有人都可按股份有限公司的章程从公司领取股息和红利，从而获得购买股票的经济利益。这是股票投资者向股份有限公司投资的基本目的，也是股份有限公司发行股票的必备条件。

2．风险性

任何一项投资都伴随着风险，股票投资也不例外。股票投资的风险主要表现为以下几点：其一，影响股份有限公司经营的因素繁多且变化不定，每年的经营业绩都不确定，而股息和红利是根据公司具体盈利水平确定的。其二,当投资者购买的是二级市场上流通的股票时,股票的价格除受公司的经营业绩影响外,还要受众多其他因素影响。当股票的价格下跌时,股票持有者会因股价下跌而蒙受损失。

3. 流动性

流动性是指股票通过依法转让而变现的特性。经国家证券管理部门或证券交易所同意后,股票可以在证券交易所流通或进行柜台交易,股票的持有者就可以将股票以市场价格转让,将股票所代表的股东身份及各种权益也同时转让给受让方。当持有的股票是可流通股时,其持有人可在任何一个交易日到市场上将其兑现。

4. 参与性

参与性是指股票持有人有权参与公司重大决策的特性。股票持有者就是股份有限公司的股东,有权出席股东大会,参加公司董事机构的选举及参与公司的经营决策。

5. 永久性

永久性是指股票所载权利的有效性是始终不变的,因为它是一种无期限的法律凭证。在向股份有限公司参股投资而取得股票后,任何股东都不能退股。股票的有效存在是与股份有限公司的存续相联系的,即股票是与发行人共存亡的,它反映的是股东与股份有限公司之间比较稳定的经济关系。对于股票持有者来说,只要持有股票,其股东身份和股东权益就不会改变。如要改变股东身份,要么将股票转售给第三人,要么等待公司的破产清算。

(二)股票的种类

股票的种类很多,分类方法也有差异,常见的分类方法如下:

(1)按照股票代表的股东权益,可将股票分为普通股和优先股两类。

①普通股。

普通股是指在公司的经营管理、盈利及财产分配上享有普通权利的股份,代表满足所有债权偿付要求及优先股股东的收益权与求偿权要求后对公司盈利和剩余财产的索取权。普通股是股票的一种基本形式,也是构成公司资本的基础。

在股份有限公司存续期间,普通股股东按其所持有股份比例享有以下基本权利:

a. 公司决策参与权。普通股股东有权参与股东大会,并有建议权、表决权和选举权,同时也可以委托他人代表其行使股东权利。

b. 利润分配权。在经董事会决定之后,普通股股东有权按顺序从公司的净利润中分取股息和红利。

c. 优先认股权。当股份有限公司为增加公司资本而决定配股增资时,普通股股东有权按持股比例优先认购新股,以保证普通股股东在股份有限公司的持股比例不变。

d. 剩余财产分配权。当股份有限公司解散清算时,普通股股东有权按顺序和比例分配公司的剩余资产。

②优先股。

优先股是指依照公司法,在一般规定的普通种类股份之外,另行规定的其他种类股份,其股份持有人优先于普通股股东分配公司利润和剩余财产,但参与公司决策管理等权利受到限制。

优先股股东按照约定的票面股息率,优先于普通股股东分配公司利润。公司因解散、破产等原因进行清算时,公司财产在按照公司法和破产法有关规定进行清偿后的剩余财产,应当优先向优先股股东支付未派发的股息和公司章程约定的清算金额,不足以支付的按照优先股股东持股比例分配。

优先股股东的表决权受到限制。除特殊情况外,优先股股东不出席股东大会会议,所持股份没有表决权。但是公司累计3个会计年度或连续2个会计年度未按约定支付优先股股息的,优先股股东有权出席股东大会,每股优先股股份享有公司章程规定的表决权。

2014年3月21日,中国证监会正式发文允许进行优先股试点,之后陆续有上市公司获准非公开发行优先股。

(2)按照上市地点的不同,可将股票分为A股、B股、H股、N股和S股。

①A股。

A股的正式名称是人民币普通股票。它是由我国境内的公司发行,供境内机构投资者、组织和个人以及境外合格投资者以人民币认购和交易的普通股票。

②B股。

B股的正式名称是人民币特种股票。它是以人民币标明面值,以外币认购和交易,在中国内地注册、在中国内地上市的特种股票。2001年2月以后,境内居民也可以从事B股投资。

③H股。

H股是指境内公司发行的以人民币标明面值,供境外投资者以外币认购,在我国香港联合交易所上市的股票。

④N股。

N股是中国境内公司发行的以人民币标明面值,供境外投资者以外币认购,在纽约证券交易所上市的股票。但是实践中,大多数非美国公司(不包括加拿大公司)都采用存托凭证形式而非普通股的形式进入美国股票市场。存托凭证是一种以证书形式发行的可转让证券,通常代表一家外国公司的已发行股票。另外,越来越多的中国企业在纳斯达克挂牌,其发行的股票一般被称为纳指中国概念股。

⑤S股。

S股是指境内公司发行的以人民币标明面值,供境外投资者以外币认购,在新加坡交易所上市的股票。这些公司的生产、经营等核心业务和注册地均在中国内地。

二、债券

债券是依照法定程序发行,约定在一定期限内还本付息的有价证券。债券的本质是债权凭证,反映了投资者和筹资者之间的债权债务关系,是有价证券的重要组成部分。

(一)债券的特点

一般来说,债券作为投资工具,具有以下特点。

1. 偿还性

偿还性是指债券有规定的偿还期限,债务人必须按期向债权人支付利息和偿还本金。

2. 安全性

债券的安全性是指债券持有人的收益相对固定,跟其他有价证券相比投资风险较小。首先,利率固定。筹资人必须按规定的期限和利率向投资人支付利息。其次,本利安全。一方面,债券本金的偿还和利息的支付都有法律保障,国家在商业法、公司法、财政法、信托法等法律中都有对债券还本付息的明确规定;另一方面,投资人可以根据债券的评级对债券风险的大小及安全程度做出判断。

3. 期限性

几乎所有债券都有规定的到期日,即发行期限。按发行期限或到期日的长短,可将债券分为短期债券(期限为1年以内)、中期债券(期限为1～5年)、长期债券(期限为5年以上),债券持有人在到期日将全部收回本金。

(二)债券的分类

债券的种类很多,大体可按以下几种方式进行分类。

(1)按照发行主体的不同,债券可分为以下三类。

① 政府债券。

政府债券即国债,是国家为筹集资金而向投资者出具的、承诺在一定时期支付利息和到期偿还本金的债务凭证。由于发行主体是国家,所以它具有最高的信用度,被公认为最安全的投资工具。

② 金融债券。

金融债券是银行等金融机构为筹措资金而面向投资者发行的一种有价证券。金融债券往往具有良好的信誉。

③ 公司债券。

公司债券是公司依照法定程序发行、约定在一定期限内还本付息的有价证券。由于公司的经营情况千差万别,所以公司债券的风险相对于政府债券和金融债券要大一些。

(2)按照计息与付息方式的不同,债券可分为以下三类。

① 零息债券。

零息债券也称零息票债券,是指债券合约未规定利息支付的证券。通常,这类债券以低于面值的价格发行和交易,债券持有人实际上是以赚取买卖价差的方式取得债券利息的。

② 附息债券。

附息债券的合约中明确规定,在债券存续期内,向持有人定期支付利息。通常每半年或一年支付一次。按照计息方式的不同,这类债券还可细分为固定利率债券和浮动利率债券两大类。

③ 息票累积债券。

息票累积债券到期一次性支付本息,期间无利息。

(3)债券按照是否能转换为公司股票,可分为以下三类。

① 可转换债券。

可转换债券是指在特定时期内,可以按某一固定比例转换成普通股的债券。由于可转换债券赋予债券持有人将来成为公司股东的权利,因此其利率通常低于不可转换债券。可转换债券的主要优势是它可转换成股票,从而弥补利率低的不足。如果公司股价在债券的可转换期内超过其转换价格,债券持有者可将债券转换成股票,而获得较大收益。

②可交换公司债券。

可交换公司债券是成熟市场存在已久的固定收益类债券品种,它赋予债券投资人在一定期限内按照事先约定的条件将债券转换成发行人所持有的其他公司股票的权利。

③不可转换债券。

不可转换债券即普通债券,是指不能转换成普通股的证券。由于它没有赋予债券持有人将来成为公司股东的权利,所以其利率一般高于可转换债券。

三、基金

证券投资基金(以下简称"基金")是指一种利益共享、风险共担的集合证券投资方式,即发行基金单位集中投资者的资金,交给基金托管人托管,由基金管理人管理和运用资金,从事股票、债券等金融工具投资,并对投资收益按基金投资者的投资比例进行分配的一种间接投资工具。

(一)基金的特点

基金在很多国家受到了投资者的广泛欢迎,发展迅速,这与基金本身的特点有关。作为一种成效卓著的现代化投资工具,基金的特点十分明显。

1. 集合投资

基金的特点是将零散的资金汇集起来,交给专业机构投资者投资于各种金融工具,以谋取资产的增值。基金对投资的最低限额要求不高,投资者可以根据自己的经济能力决定购买数量。因此,基金可以广泛吸收社会闲散资金,集腋成裘,汇成规模巨大的投资基金。在参与证券投资时,资本越雄厚,优势越明显,且有可能享有大额投资在降低成本上的相对优势,从而获得规模效益。

2. 分散风险

我国基金法明确规定,基金必须进行组合投资,要将基金资产分散投资于多种证券,实现资产组合多元化。多元化的投资组合,一方面,可借助于资金庞大和投资者众多的优势使每个投资者面临的投资风险变小;另一方面,可利用不同投资对象之间收益率变化的相关性,达到分散投资风险的目的。

3. 专业理财

将分散的资金集中起来以信托的方式交给专业机构进行投资运作,既是基金的一个重要特点,又是它的一个重要功能。基金实行专业理财制度,由受过专门训练、具有丰富证券投资经验的专业人员运用各种技术手段收集、分析各种信息资料,预测金融市场上各个证券品种的价格变动趋势,制订投资策略和投资组合方案,从而可以很大程度上避免投资决策失误,提高投资收益。

(二)基金的分类

基金的形式多样,可按不同方式进行分类。

(1)基金按照投资目标的不同,可以分为以下三类。

①成长型基金。

成长型基金是基金中最常见的一种,它追求的是基金资产的长期增值。为了达到这一目标,基金管理人通常将基金资产投资于信誉度高、有长期成长前景或长期盈余的公司的股票。成长型基金中还有更为进取的基金,即积极成长型基金。

②收入型基金。

收入型基金将资产主要投资于可带来现金收入的有价证券,以获取当期的最大收入为目的。收入型基金资产的成长潜力较小,损失本金的风险也相对较低。收入型基金一般可分为固定收入型基金和股票收入型基金。

③平衡型基金。

平衡型基金将资产分别投资于两种不同特性的证券,并在以取得收入为目的的债券及优先股和以资本增值为目的的普通股之间进行平衡。平衡型基金的投资目标是既获得当期收入,又追求长期增值。其优点是风险比较低,缺点是成长潜力不大。

(2)基金按照运作方式的不同,可以分为封闭式基金和开放式基金。

①封闭式基金。

封闭式基金是指经核准的基金份额总额在基金合同期限内固定不变,基金份额可以在依法设立的证券交易所交易,但基金份额持有人不得申请赎回的基金。

②开放式基金。

开放式基金是指基金份额总额不固定,基金份额可以在基金合同约定的时间和场所申购或者赎回的基金。

(3)基金按照投资对象的不同,可以分为以下四类。

①股票型基金。

股票型基金是指基金资产的80%以上投资于股票的基金。股票型基金的投资目标侧重于追求资本利得和长期资本增值。基金管理人拟定投资组合,将资金投放到一个或者几个国家,甚至全球的股票市场,以达到分散投资、降低风险的目的。

②混合型基金。

混合型基金是指投资于股票、债券以及货币市场工具的基金,且不符合股票型基金和债券型基金的分类标准。根据股票、债券投资比例以及投资策略的不同,混合型基金又可以分为偏股型基金、偏债型基金、配置型基金等多种类型。混合型基金会同时使用激进和保守的投资策略,其回报和风险要低于股票型基金,高于债券和货币市场基金,是一种风险适中的投资品种。

③债券型基金。

债券型基金是指基金资产的80%以上投资于债券的基金。债券型基金风险较低,适合稳健型投资者。

④货币型基金。

货币型基金是指以货币市场工具为投资对象的基金。其主要投资对象是期限在一年以内的国债、央行票据、银行定期存单、同业存款等低风险的短期有价证券。

拓展阅读

基础设施公募 REITs 是什么？

2021年6月21日，基础设施公募 REITs(Real Estate Investment Trusts，以下简称"REITs"）这一全新产品正式亮相深交所。这是我国资本市场又一项改革创新成果落地，填补了我国大类金融产品的空白，在资本市场发展历程中写下重要的一笔。基础设施公募 REITs 是指依法向社会投资者公开募集资金形成基金财产，通过基础设施资产支持证券等特殊目的载体持有基础设施项目，由基金管理人等主动管理运营上述基础设施项目，并将产生的绝大部分收益分配给投资者的标准化金融产品。按照规定，我国基础设施公募 REITs 在证券交易所上市交易。

对于投资者而言，公募 REITs 是一种低门槛投资不动产的工具，通常来说具有长期收益较好并且分红较为稳定的优势，具备较好的投资价值。此外，作为另类投资产品，公募 REITs 与其他主流投资品种的相关性较低，能够有效分散投资组合的风险。

基础设施公募 REITs 产品的投资价值体现在以下两方面。

一方面是高比例分红。基础设施公募 REITs 产品采取强制分红政策，要求收益分配比例不低于合并后基金年度可供分配金额的90%，稳定的分红率类似于债券的派息，表现出债性特点，但强制分红并不等同于债券的固定利息回报。

另一方面是交易差价。基础设施公募 REITs 采取封闭运作，但后续会在交易所上市交易，投资者可在二级市场进行竞价交易。基础设施公募 REITs 上市首日涨跌幅限制为30%，上市首日以后的涨跌幅限制为10%。

图 1-2 所示是上交所网站基础设施公募 REITs 专栏，感兴趣的同学可以进入专栏做进一步的学习。

图 1-2　上交所基础设施公募 REITs 专栏

巩固与练习

一、我国内地市场上市证券数量信息收集

1.截至_____,上海证券交易所的上市 A 股股票数量有_____只,其中主板 A 股股票数量有_____只,科创板 A 股股票数量有_____只;上市国债数量有_____只,金融债数量有_____只,可转换债数量有_____只;上市基金有_____只,其中基础设施公募 REITs 数量有_____只。

2.截至_____,深圳证券交易所的上市股票数量有_____只,其中主板 A 股股票数量有_____只,主板 B 股股票数量有_____只,创业板 A 股股票数量有_____只;上市国债数量有_____只;上市基金有_____只,其中基础设施公募 REITs 数量有_____只。

3.截至_____,北京证券交易所的上市股票数量有_____只。

二、实训操作

1.利用互联网,分别查找上海证券交易所、深圳证券交易所和北京证券交易所两只已经上市的股票,在表 1-2 中填写股票相关资料。

表 1-2　上市股票资料

股票代码	股票简称	发行价格	主承销商	上市当天收盘价	上市日期

2.利用互联网,分别查找上海证券交易所和深圳证券交易所两只已经上市交易的债券,在表 1-3 中填写债券相关资料。

表 1-3　上市债券资料

债券代码	债券简称	债券类别	票面利率	付息方式	期　　限

3.利用互联网,分别查找上海证券交易所和深圳证券交易所两只已经上市交易的基金,在表 1-4 中填写基金相关资料。

表1-4 上市基金资料

基金代码	基金简称	基金类型	基金管理公司	基金规模	单位净值

4.根据所学知识,对股票、债券和基金这三种证券市场基础工具的特性进行对比分析,将结论填写在表1-5中。

表1-5 股票、债券、基金特性对比

证券品种	投资收益	投资风险	投资门槛	流动性	交易费用
股票					
债券					
基金					

项目二

了解证券交易

ZHENGQUAN TOUZI SHIWU

在当今的互联网金融时代,证券市场价格的变化可以通过移动端的证券行情分析软件进行实时呈现,帮助投资者更好地分析证券价格的走势。本项目通过介绍目前我国证券市场上的手机端证券模拟交易软件,使投资者学会看盘和操作的基本技能,实现从模拟操作到实战的经验积累过程。

学习目标

1. 掌握证券交易基本流程,学会模拟证券交易操作;
2. 熟悉市场上的重要指数;
3. 掌握基本的股价指数和个股的盘面识读技巧。

职业素养点拨

"稳赚不赔的炒股软件"可信吗?

"亲,××炒股软件要不要试试?提示的买点卖点绝对准确。"这时候就要提高警惕了,不法分子在销售炒股软件的过程中,往往会夸大宣传软件的荐股能力,骗取高额的服务费。

那么这些号称稳赚不赔的炒股软件真的可信吗?反正安徽合肥的田某信了,花了5000元购买了号称稳赚不赔的大数据分析炒股软件,结果每次交易都是高买低卖,不仅没有赚到钱,反而陷入重度亏损的境地。经查,该公司无证券投资咨询资格,实际是以销售炒股软件的方式从事非法投资咨询活动。

监管部门提醒:向投资者销售或者提供"荐股软件",并直接或者间接获取经济利益的,属于从事证券投资咨询业务,应当经中国证监会许可,取得证券投资咨询业务资格。未取得证券投资咨询业务资格,任何机构和个人不得利用"荐股软件"从事证券投资咨询业务。

投资者需要提高警惕,不要轻信所谓披着科学外衣的"大数据"概念荐股服务,避免掉进非法投资咨询机构的陷阱。任何炒股软件都不可能做到稳赚不赔。投资没有捷径,唯有不断学习,时刻保持理性投资心态,才能在投资的路上行稳致远。

任务一 证券模拟交易软件的下载和使用

任务描述

模拟证券交易平台是指模拟真实证券交易的网络平台,使用者能通过模拟交易体验真实交易的流程,提高证券投资水平。近年来随着证券市场的不断发展,各大券商的交易软件里都有模拟证券交易的功能。基于以下两个方面的原因,本书选用手机端同花顺APP进行教学及模拟证券交易:一方面,互联网时代,智能手机因其可移动性和便利性,非常符合Z世代年轻人的学习习惯和兴趣探索需求,已经成为年轻人最喜欢的学习工具;另一方面,在当今的互联网证券时代,同花顺手机炒股APP是目前中国市场上行情数据最全、性能最优、最受新一代投资者欢迎的免费证券行情软件。学习者在智能手机的应用商城下载同花顺APP,需要进行用户注册,并修改密码及资料。查询初始配备的资金,进行模拟证券交易的操作,并熟悉初步操作。

任务要求

本任务要求学生利用智能手机下载同花顺APP,完成模拟交易软件的登录、注册,取得各个交易账户的模拟资金,掌握证券交易的基本操作流程和方法。

任务实现

一、软件下载、安装与登录

(1)打开智能手机,从应用商城中搜索并下载同花顺APP(见图2-1),点击安装,当手机界面出现 图标时,表示安装成功。

(2)打开该APP,会出现如图2-2所示的隐私政策与用户协议提示界面,为了全面享受同花顺各项产品及服务,建议点击"同意"。

图2-1　同花顺手机端下载安装界面　　图2-2　同花顺隐私政策与用户协议界面

(3)点击"同意"后,依次出现如图2-3、图2-4两个用户调查界面,学生根据自身情况,选择相应的选项。

(4)顺利打开同花顺APP主页后,出现如图2-5所示的界面,因为同花顺APP首次登录即自动注册,点击"登录",按系统提示完成登录,即可进入交易主界面,也可以使用微信、QQ或微博账号进行登录。

图 2-3　用户意图调查界面

图 2-4　炒股经验调查界面

二、进入模拟证券交易系统

(1)登录同花顺模拟炒股账号后,依次点击"交易"→"模拟"图标,进入模拟交易界面。该系统提供 20 万元的虚拟资金进行 A 股的模拟交易(见图 2-6)。

图 2-5　登录界面

图 2-6　A 股模拟交易账户

(2)在进入模拟交易后,在手机右上方看到"切换账户",点击进入可看到"A 股模拟""港股模拟""美股模拟""融资融券""黄金模拟""期货模拟""股指模拟""期权模拟""场外基金",投资者可以选择不同的模拟交易账户进行交易,如图 2-7 所示。

(3)如果投资者选择进行基金模拟交易,直接点击对应的图标,就可以直接进入交易界面,如图 2-8 所示,系统提供了申购、赎回、撤单、持仓、查询等功能,以及 100 万元的虚拟资金。如果投资者选择"融资融券"图标,则可以进行融资融券的模拟交易,系统提供 50 万元的虚拟资金,如图 2-9 所示。其他交易账户的操作类似。

图 2-7　模拟交易账户　　图 2-8　模拟基金交易界面

三、股票交易操作

(1)打开同花顺 APP,进入主菜单,如图 2-10 所示。

(2)进入"交易"界面。点击同花顺主菜单界面的"交易"图标,出现如图 2-11 所示的交易界面。此界面可以开始正式开户,但是为了降低投资风险,建议学生在实盘交易之前,先进行模拟交易训练,体验真实交易环境,培养盘感,提高交易技术,积累交易经验。模拟交易是大学生最经济实用的学习证券投资的方法。下面以 A 股模拟炒股进行示范。

图 2-9　模拟融资融券界面　图 2-10　同花顺 APP 主菜单　图 2-11　同花顺开户界面

(3)进行模拟操作,在模拟炒股交易界面的菜单栏中有5个选项,其基本操作分别介绍如下:

买入:点击"买入"图标后,就可进入买入股票的操作界面。在图2-12所示界面中,输入股票代码或股票简称、买入价格、买入数量(单位"股"),按照屏幕提示依次点击"买入(模拟炒股)"→"确认买入"→"确定"图标即完成买入。

在买入卖出时,交易数量也可以按照仓位进行设置。其中,全仓是指账户内的全部资金用于买入股票,半仓是指账户内的一半资金用于买入股票,1/3仓、1/4仓即账户内相应比例的资金用于买入股票。

卖出:与买入股票的操作一致。点击"卖出"后,就可进入卖出股票的操作界面,如图2-13所示。在该界面中,输入股票代码或股票简称、卖出价格、卖出数量(单位"股"),按照屏幕提示依次点击"卖出(模拟炒股)"→"确认卖出"→"确定"图标即完成卖出。

图2-12 A股买入界面

图2-13 A股卖出界面

撤单:对还未成交的买卖单,可点击"撤单"图标取消买卖。撤单成功后,买入委托冻结的资金或卖出委托冻结的股票会返回到用户账户下。用户如要再次委托买或卖,需要重新提交委托单,股票委托撤单不收取手续费佣金。

持仓:点击"持仓"图标,即进入持仓界面,持仓表示目前账户持有的股票,可用就是可卖的。由于A股实行"T+1"的交易制度,所以当天买的股票属于持仓,但不可用。

查询:点击"查询"图标,即进入查询界面,可查询"当日成交""当日委托""历史成交""历史委托"。

 拓展阅读

A股如何实现"T+0"操作?

目前我国A股市场实行的是"T+1"制度,即当天买入第二个交易日才能卖出。这里所说的"T+0"操作,是指当天买入股票当天可以卖出,简称"做T"。只有在特定情况下才能够实现:一是你手里坚持持有一只你看好的股票,不想更换筹码;二是手中有一定的资金。这样你就可以在一个交易日内以不同的价位同时买入和卖出一只股票来实现"T+0"的效果。一般来说,"T+0"有三个先决条件:

(1)需要震荡市,而且个股在波动中有空间可操作。
(2)需要较高的换手率,个股3%以上的振幅空间,中小创题材较好。
(3)需要大量连续的盯盘时间,以及良好的操盘环境。

巩固与练习

1. 在手机端下载同花顺APP,注册成为用户(记得使用学号作为用户名),进入A股模拟练习区,取得A股模拟资金,并将操作结果截图贴到以下空白处。

2. 切换账户,进入基金模拟练习区,取得模拟资金,并将操作结果截图贴到以下空白处。

3.在交易时间购买 5 手"工商银行(股票代码 601398)",5 手"上证央企 50ETF(基金代码 510060)",以及其他两只自己感兴趣的股票若干手,并将交易结果截图贴到以下空白处。

4.第二个交易日卖出全部"工商银行(股票代码 601398)",并将持仓结果截图贴到以下空白处。

5.学生查询同花顺APP"A股模拟"股票交易规则,填写表 2-1。

表 2-1 A 股交易规则

交易时间		成交规则	
交易种类		成交价格	
交易制度		成交数量	
交易手续费		涨跌停限制	

6.学生实名参加教师创建的班级或校级模拟赛场,开始比赛(见图2-14)。

图2-14 模拟大赛进入界面

任务二 股价指数的盘面识读

 任务描述

学会看懂证券行情是每位股票投资者必备的技能。投资者通过大盘和个股数据获得直接的市场信息,然后进行一些推理式的分析,从而获取所需的有价值的基础信息。通过对这些基础信息分析过滤、去伪存真,最后做出投资决策。在做出投资决策前,从盘面获取信息的过程,就是人们常说的看盘。

看盘包括的内容相对广泛,只要能影响大盘和个股走势的内容都是投资者需要关注的,如国家经济政策、影响个股的行业景气信息、大盘趋势技术分析、个股股质分析、个股技术分析、个股主力分析等。本任务主要介绍大盘即时盘面信息。

任务要求

熟悉市场上的重要指数,并通过股票价格指数的分时走势图的盘面识读,掌握基本的大盘看盘技巧。

任务实现

一、了解股票价格指数

由于经济、政治、市场、技术、心理等种种因素的影响,股票价格经常处于变动之中。为了能够及时、准确地反映这种变化趋势,世界各大金融市场都编制或参考编制了股票价格指数。

股票价格指数,简称股价指数,是运用统计学中的指数方法编制而成的,反映股市总体价格或某类股价变动和走势的指标,是对股市动态的综合反映,被公认为股票市场行情的"晴雨表"。

按照股市涵盖股票数量和类别的不同,可以把指数分为综合指数、成分指数和分类指数三类。

(一)综合指数

综合指数是指在计算股价指数时将某个交易所上市的所有股票市价都计算在内的指数,反映整个市场的股票价格走势,如上证综合指数、纽约证交所综合指数等。

(二)成分指数

成分指数是指在计算股价指数时仅仅选择部分具有代表性的股票市价作为标的计算出来的指数。目前世界上大多数的指数都是成分指数,如沪深300指数、道-琼斯指数、标准普尔500指数、伦敦金融时报100指数等。

(三)分类指数

分类指数是指选择具有某些相同特征的股票作为目标股计算出来的指数,如工业股价指数、房地产股价指数、恒生红筹股指数等。

二、熟悉市场上重要的股价指数

(一)上证指数

上证指数,全称上海证券交易所股票价格综合指数,是一个反映上海证券交易所挂牌股票总体走势的统计指标,也称"上证综指""上证综合""沪指"。它是由上海证券交易所编制的,以上海证券交易所挂牌上市的全部股票为计算范围,以发行量为权数的加权综合股价指数。该指数自1991年7月15日起开始发布,基日定为1990年12月19日,基日指数定为100点。上证指数是我国发布历史最悠久、历史数据全面、样本覆盖面广的股指,是分析我国股市行情变化的重要参考依据。

(二)深证成指

深证成指,也称"深证成分指数",是反映深圳证券市场总体走势的最常用的指数。最初,它是按一定标准选出40家有代表性的上市公司作为样本,并以流通股为权数计算得出的加权股价指数。以1994年7月20日为基期,基点为1000点。自2015年5月20日起,为更好地反映证券市场的结构性特点,适应市场进一步发展的需要,深交所对深证成指实施扩容改造,深证成指样本股数量从40家扩大到500家,以充分反映深圳市场的运行特征。

(三)沪深300

沪深300指数由上海证券交易所和深圳证券交易所联合编制,于2005年4月8日正式发布,以2004年12月31日为基期,基点为1000点。沪深300指数是从上海和深圳证券市场中选取300只规模大、流动性好、最具代表性的A股作为样本编制而成的成分股指数,其样本覆盖了沪深市场六成左右的市值,具有良好的市场代表性。

(四)恒生指数

恒生指数,全称"香港恒生股价指数",是香港股市价格的重要指标,指数是由若干只成分股市值计算出来的,代表了香港交易所所有上市公司的12个月平均市值涵盖率的63%。恒生指数由恒生银行下属恒生指数有限公司负责计算及按季检讨,公布成分股调整。该指数于1969年11月24日首次公开发布,基期为1964年7月31日,基期指数定为100。

(五)台湾加权指数

台湾加权指数,简称"台湾加权",是由我国台湾证券交易所编制的股价指数,是台湾最为人所熟悉的股票指数,被视为呈现台湾经济走向的橱窗。该指数以上市股票之市值当作权数来计算股价指数,采样样本为所有挂牌交易的普通股。

(六)科创50

科创50,全称"上证科创板50成分指数",指数代码为000688,由科创板中市值大、流动性好的50只证券组成,是反映科创板证券价格表现的首要指数,也是上交所多层次市场指数体系的一部分。科创50指数的基期为2019年12月31日,基点为1000点。

(七)道-琼斯指数

道-琼斯指数,全称"道-琼斯股票价格平均指数",是世界上影响最大、最具有权威性的股票价格指数之一,其股票行情为世界股票市场所瞩目。它是由美国《华尔街日报》的出版者道-琼斯公司编制并公布的,用以反映美国纽约股票市场行情变化的一种股价平均指数。

(八)纳斯达克综合指数

纳斯达克综合指数,简称"纳指"或"美国科技指数",是指美国纳斯达克股票市场全部股票价格的平均指数。纳斯达克是全世界第一个电子化交易的股市,现已成为全球最大的证券交易市场,几乎覆盖了包括互联网和生物技术在内的所有高科技新兴行业,其样本之大,超过了任何一个股票指数,已成为全球极具影响力的股票指数之一,对投资者具有较大的参考价值。

三、股价指数分时走势图的盘面识读

(一)初识行情界面

于当天交易开始前,打开同花顺APP,点击"行情"图标,即可进入如图2-15所示的上一个交易日的行情界面。

1.上涨家数与下跌家数

例如某投资者于2022年8月15日开盘前进入行情界面,可知2022年8月14日,我国A股市场上涨家数是1975只,下跌家数是2711只,截至当天整个市场有4686只A股进行交易,市场交易总成交额10007亿元。

一般来说,如果上涨家数远远多于下跌家数,那么整个市场总体上应该是上涨的,假如这时指数反而下跌,说明可能是个别大盘股下跌所导致;如果下跌家数远远多于上涨家数,那么整个市场总体上应该是下跌的(见图2-15),假如这时指数反而上涨,说明可能是个别大盘股拉升所导致。出现以上两种特殊情况时,可配合指数来判断市场的情况。

图2-15 行情界面

2. 大盘资金净流入

大盘资金净流入是指大盘当天流入资金和流出资金之差,即大盘资金净流入＝流入资金－流出资金。当流入资金大于流出资金时,大盘资金净流入为正;当流入资金小于流出资金时,大盘资金净流入为负(见图2-15)。

当市场上出现重大利空消息时,会引起市场上投资者的恐慌,进行卖出操作,从而导致大盘资金净流入为负;或者市场上的主力资金进行出货操作,会导致大盘资金净流入为负;受此影响,股市会出现下跌的走势。当主力比较看好大盘后期的走势,逐渐进行建仓操作,则会导致大盘资金净流入为正,股市受此影响会上涨。

因此,投资者可以在大盘资金净流入为负时,以卖出为主;在大盘资金净流入为正时,以买入为主。

(二)上证指数的分时走势图

点击图2-15所示行情界面的"上证指数"图标,即出现上证指数分时走势图。分时走势图也叫即时走势图,它是把股票市场的交易信息实时地用曲线在坐标图上加以显示的技术图形。坐标的横轴是交易时间,纵轴的上半部分是指数,下半部分显示的是成交量。上证指数的分时走势图是每分钟的指数连线,用来即时反映市场多空力量的转化。

在图2-16所示的界面,点击屏幕下方的"盘口"图标,即出现大盘盘口界面,如图2-17所示。

图 2-16 上证指数分时走势图

图 2-17 上证指数盘口信息

(三)大盘盘面识读

1. 0.00％线

0.00％线表示上一个交易日指数的收盘位置。它是当日大盘上涨与下跌的分界线。它的上方是大盘上涨区域,下方是大盘下跌区域。

2. 黑色曲线

黑色曲线表现大盘加权指数,即上证指数,由上海证券交易所实时发布,即投资者常说的大盘实际指数。因上证指数是以各上市公司的总股本加权计算出来的,故大盘股的价格较能影响上证指数的走势,如贵州茅台、工商银行等。

3. 黄色曲线

黄色曲线指不加权的上证指数,即上证领先指数,它是不考虑股票盘子的大小,而将所有股票对指数的影响看作相同而计算出来的大盘指数,所以价格变动较大的股票对黄线的影响更大一些。

参考黄、黑二曲线的相互位置可知:当大盘指数上涨时,黄线在黑线之上,表示流通盘较小的股票涨幅较大;反之,黄线在黑线之下,说明盘小的股票涨幅落后于大盘股。当大盘指数下跌时,黄线在黑线之上,表示流通盘较小的股票跌幅小于流通盘大的股票;反之,表示流通盘小的股票跌幅大于流通盘大的股票(见图2-16)。

4. 红绿柱线

在黄、黑两条曲线附近有红、绿柱状线,反映大盘即时所有股票的买盘与卖盘在数量上的比例。红柱线的增长缩短表示上涨买盘力量的增减;绿柱线的增长缩短表示下跌卖盘力量的强弱。

5. 分时量柱

分时量柱在黄、黑线图下方,用来表示股票交易时间内,每分钟发生的交易量,单位是手。红色柱线表示该分钟的成交量在上涨,绿色柱线表示该分钟的成交量在下跌。

以上证指数为例,其大盘盘口主要信息简单介绍见表2-2。

表2-2 上证指数盘口信息

项目	内涵
高/最高	表示上证指数当天曾达到的最高点位
开/开盘	当日上证指数的开盘点位
昨收	表示上一个交易日上证指数的收盘点位
低/最低	表示上证指数当天曾达到的最低点位
量比	开市后平均每分钟成交量与过去5个交易日平均每分钟成交量之比
振幅	当前最大涨幅与最大跌幅之间的差距
委买	当前所有股票的委托买入数量之和
委卖	当前所有股票的委托卖出数量之和
委比	委买委卖之差与之和的比值
额	金额,当日上海证券交易所从交易开始累积到目前的总成交金额
上涨	表示当前股价高于昨天收盘价的股票家数
下跌	表示当前股价低于昨天收盘价的股票家数
平盘	表示当前股价与昨天收盘价相等的股票家数
最新	最新大盘指数
总手	表示当天从交易开始累积到目前的总成交量
现手	表示上海证券交易所当天最近一笔交易的成交量

在分时走势图界面向左滑动,可查看股票历史走势,即大盘K线走势图。上证指数K线图可以用来反映一段时间的指数走势。上证指数的K线图中,上面部分以交易时间为横坐标,价格为纵坐标,将每日的K线连续绘出,即成K线图;中间部分用红、绿柱线表示成交量,下面部分是技术指标线。上证指数的K线走势图界面如图2-18所示,关于K线的技术分析,在项目六K线分析会进一步学习。

图2-18 上证指数2022年8月15日K线图

 拓展阅读

委比分析技巧

委比是衡量短期时间内场内买、卖盘强弱的技术指标。若委比为正,说明场内买盘较强,且数值越大,买盘就越强劲。反之,若委比为负值,则说明抛盘较强,且数值越大,卖盘就越强劲。所以委比100%通常在涨停板中出现,就是拉涨停的意思。

委比值从-100%到+100%的变化是卖盘逐渐减弱、买盘逐渐强劲的一个过程。

当委比值为-100%时,它表示全部的委托均是卖盘,所以当日跌停,短期承压。

当委比值为100%时,它表示全部的委托均是买盘,所以当日涨停,短期多方力量变强,但不代表继续上涨的概率很大,有的主力资金喜欢通过拉涨停板出货。如股价已经在高位,并且主力有出货的痕迹了,就算拉涨停了,也不建议去追高,此时要结合其他技术指标进行具体分析。

巩固与练习

1. 打开同花顺 APP，进入上证指数，并将上证指数的分时走势图截图粘贴在以下空白处。

2. 根据当天上证指数分时走势图中的黄黑线的位置、红绿柱线、委比、换手率等信息，简要说明当日的指数走势。

_____
_____
_____
_____
_____
_____
_____

3. 根据大盘行情指标简单分析盘面情况。

（1）目前上海证券交易所中，股价上涨的上市公司家数为_____家，股价下跌的上市公司家数为_____家，股价平盘的上市公司家数为_____家，显示当前_____（上涨、下跌）的上市公司家数更多，显示当前整个证券市场_____（买方、卖方）力量更强。

（2）目前上证指数是_____点，比上一个交易日收盘_____（上涨、下跌）了_____点，涨跌幅度为_____。

（3）目前上证指数委比为_____%，显示当前很可能整个证券市场_____（买方、卖方）的力量更强。

（4）在上证指数 K 线图上，查询上证指数历史最高点是_____，出现在_____年_____月_____日。

任务三　个股的盘面识读

任务描述

个股行情界面有个股分时走势图和 K 线界面。盘面显示的曲线和一些指标与大盘走势图的含义有一定区别。

任务要求

熟悉个股盘面。通过本任务,要求能看懂个股分时走势图,掌握分时图与 K 线图的关联性,能熟练运用个股盘面中的主要功能。

任务实现

一、熟悉分时横屏

个股的分时走势图是每分钟的价格连线,用来反映当天的价格走势。

进入同花顺 APP 主菜单后,点击右上角的搜索按钮,在搜索框中输入股票简称"宁德时代"或股票简称拼音的首个字母"NDSD"或股票代码"300750",可见宁德时代新能源科技股份有限公司的 A 股分时走势图竖屏显示,如图 2-19 所示。

在图 2-19 所示的界面,点击屏幕下方的"盘口"图标,即出现个股盘口界面,如图 2-20 所示。

图 2-19　个股分时走势图的竖屏显示　　图 2-20　个股盘口界面

为了查看更全面的行情数据,可以点击屏幕右下角的放大图标,即实现如图 2-21 所示的宁德时代 A 股分时走势图的横屏显示,点击"×"图标,恢复竖屏显示。

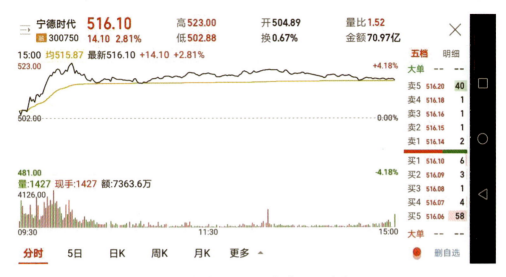

图 2-21 宁德时代分时走势图的横屏显示

二、个股分时图分析

以"宁德时代"的个股分时走势图为例(见图 2-21),进行分析说明。

1. 黑色曲线

黑色曲线表现该只股票的分时成交价格。

2. 黄色曲线

黄色曲线表示该只股票的平均价格。

3. 分时量柱线

分时量柱线与指数分时走势图意义相同。

4. 委托盘显示

卖1至卖5是该股票当前时刻委托卖出的最低、次低、第三低、第四低、第五低价格,其中卖1的出价最低,也是最易成交的一笔卖出委托。卖1至卖5旁边的数字为对应的委托手数。买1至买5是该股票当前时刻委托买入的最高、次高、第三高、第四高、第五高价格。其中买1出价最高,也是最易成交的一笔买入委托。买1至买5旁边的数字为对应的委托手数。成交按照价格优先、时间优先的原则进行。

5. 市值

"市值"即总市值,是指一家上市公司的发行股份按市场价格计算出来的股票总价值。

$$市值=每股股票的市场价格×发行总股数$$

6. 流通

"流通"即流通总市值的意思,是指在某特定时间内当时可交易的流通股股数乘以当时股价得出的流通股票总价值。

大盘股、中盘股和小盘股通过流通总市值来区分,大盘股流通市值一般在500亿元及以上,中盘股流通市值一般在100亿~500亿元之间,小盘股流通市值一般在100亿元及以下。

一般流通市值大的股票,股票的价格波动比较小,对大盘具有稳定作用,适合中长线投资偏好者;流通市值小的股票,庄家容易控制盘面,股票的价格波动比较大,适合短线投资偏好者。

7. 换手

竖屏"换手"即横屏"换",就是换手率,也称"周转率",指一定时间内市场中股票转手买卖的频率,是反映股票流通性强弱的指标之一。

$$换手率 = 一定时间内的成交量/流通股股数 \times 100\%$$

$$换手率(实) = 成交量/自由流通股股数 \times 100\%$$

自由流通股中不包含股东、公司管理层、战略性股东等持有的长期不流通的股份,因此较为真实地反映了市场上流通股份的情况。

将换手率与股价走势相结合,可以对未来股价做出一定的预测和判断:某只股票的换手率突然上升,成交量放大,可能意味着有投资者在大量买进,股价可能会随之上扬;某只股票持续上涨了一段时间后,换手率又迅速上升,则可能意味着获利盘在套现,股价可能会下跌。

值得注意的是,换手率较高的股票,往往也是短线资金追逐的对象,投机性较强,股价起伏较大,风险也相对较大。

8. 市盈率

股票市场中,市盈率是投资者选股的常用参考指标,是衡量股票投资价值的重要指标。一般来说,如果一家公司股票的市盈率过高,那么该股票的价格很可能有泡沫,价值很可能被高估。当一家公司增长迅速以及未来的业绩增长非常看好时,股票目前的高市盈率可能恰好准确地估计了该公司的价值,所以不能一概而论。市盈率分为市盈率^{TTM}、静态市盈率和动态市盈率三种类型。

$$市盈率^{TTM} = 总市值/最近 4 个季度的净利润$$

$$市盈率(动) = 总市值/预估全年净利润$$

例如当前公布一季度净利润为 1000 万元,则预估全年净利润为 4000 万元。

$$市盈率(静) = 总市值/上年度净利润$$

三种市盈率适用的企业类型有所不同,一般而言,对于处于业绩高速增长的公司,静态市盈率的滞后性效果会更明显,那么滚动市盈率或动态市盈率会更准确。一些发展速度较为平稳的公司,则三种市盈率皆可参考,差异不会很大。

在同花顺 APP,三种市盈率均可以查询到。

以宁德时代为例,其个股盘口主要信息简单介绍见表 2-3。

表 2-3 个股盘口信息

项目	内涵
高/最高	自开盘开始到最近一次成交为止的最高成交价
开/开盘	当天第一笔交易的成交价格
涨停	当天股票涨停时的价格
跌停	当天股票跌停时的价格
内盘	以买入价格成交的数量,内盘的多少显示了空方急于卖出的能量大小
外盘	以卖出价格成交的数量,外盘的多少显示了多方急于买入的能量大小
市净率	是指股票市场价格与股票每股净资产的比例

续表

项 目	内 涵
质押比	是指被质押的股票占总股本的百分比,是判断企业负债的重要指标
商誉/净资产	一般来说,商誉与净资产比值越大,商誉减值概率越高

三、个股 K 线图查询

股票分时走势图是当天股票价格的走势反映,而股票的 K 线图是反映股票中长期走势的价格图形。投资者可以利用 K 线图来判断股票未来的价格走势,关于 K 线的技术分析,在项目六 K 线分析会进一步学习。点击"日 K",即呈现宁德时代日 K 线图(见图 2-22),向左滑动屏幕,可以一直追溯到宁德时代上市以来的所有 K 线走势。

图 2-22 宁德时代 A 股日 K 线图

点击"周 K""月 K",可以查看周 K 线图和月 K 线图;点击"更多",可以选择查看其他周期的 K 线图,如图 2-23 所示。

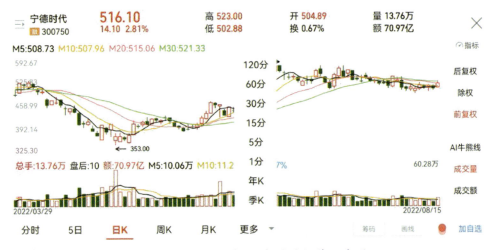

图 2-23 不同周期 K 线图的操作示意图

> **拓展阅读**
>
> **量比分析技巧**
>
> 一般来说,量比为 0.8～1.5,则说明成交量处于正常水平。
>
> 量比在 1.5～2.5 之间则为温和放量,如果股价也处于温和缓升状态,则升势相对健康,可继续持股;若股价下跌,则可认定跌势难以在短期内结束,从量的方面判断可以考虑停损退出。
>
> 量比在 2.5～5 倍,则为明显放量,若股价相应地突破重要支撑或阻力位置,则突破有效的概率颇高,可以相应地采取行动。
>
> 量比达 5～10,则为剧烈放量,如果是在个股处于长期低位时出现剧烈放量突破,涨势的后续空间巨大,是"钱"途无量的象征。但是,如果在个股已有巨大涨幅的情况下出现如此剧烈的放量,则值得高度警惕。
>
> 量比达到 10 以上的股票,一般可以考虑反向操作。在涨势中出现这种情形,说明见顶的可能性压倒一切,即使不是彻底反转,至少涨势会休整相当长一段时间。在股票处于绵绵阴跌的后期,突然出现巨大量比,说明该股在目前位置彻底释放了下跌动能。
>
> 量比达到 20 以上的情形基本上每天都有一两单,是极端放量的一种表现,这种情况的反转意义特别强烈。如果在连续的上涨之后,成交量极端放大,但股价出现"滞涨"现象,则是涨势行将死亡的强烈信号。当某只股票在跌势中出现极端放量,则是建仓的大好时机。

巩固与练习

一、个股分时走势图的识读

登录同花顺 APP,打开某只股票的分时走势图,将该股票的分时走势图的横屏显示截图粘贴在以下空白处,并简要说明当天股价走势。

二、股票行情分析

1. 个股盘面基本信息的识读与分析。

①选择一只股票,该股票简称为_____,股票代码为_____。

②该股当前成交价格为_____元,较上一个交易日_____(上涨、下跌)元,涨跌幅为_____%。

③该股当前委比为_____%,短期内价格_____(上涨、下跌)的概率大。

④该股当前量比为_____,说明今日成交量与前5日平均成交量相比_____(放大、不变、缩小)。

⑤股当前市盈率^{TTM}为_____,该股投资风险_____(大、一般、小)。

⑥该股当前市净率为_____,该股投资风险_____(大、一般、小)。

⑦该股当前外盘数量_____(大于、等于、小于)内盘数量,股价短期内_____(上涨、不涨不跌、下跌)的概率较高。

⑧该股流通总市值_____,属于_____(大盘股、中盘股、小盘股),比较适合_____(长线、短线)偏好投资者。

2. 点击"日K",得到该股的日K线图,在以下空白处粘贴该股的日K线图,并分析该股的K线走势特征。

项目三 证券投资的宏观经济分析

ZHENGQUAN TOUZI SHIWU

证券投资分析是进行证券投资的依据和前提。证券投资分析就是研究证券价格变化波动的规律,主要包括基本分析和技术分析。基本分析侧重于分析证券的长期投资价值,技术分析侧重于分析证券价格的波动规律。本项目主要介绍基本分析中的宏观经济分析,介绍宏观经济运行及宏观经济政策对证券市场的影响,帮助投资者认识宏观经济运行规律,初步建立宏观经济分析体系。

学习目标

1. 了解宏观经济运行对证券市场的影响;
2. 理解宏观经济运行及政策调整与证券市场波动之间的关系;
3. 掌握财政政策与货币政策影响证券市场的基本原理;
4. 能够分析当前政策对证券市场的影响。

职业素养点拨

股市是国民经济的"晴雨表"

人们通常把股市描述为国民经济的"晴雨表"。作为经济晴雨表,股市通常会提前6~18个月反映宏观经济的走势。如果投资者能够很好地研判和把握宏观经济的未来走向,就能在股市投资上把握好市场的趋势,投资成功的概率和效率就能得到明显提升。投资者在茫茫股海中漂泊,可以借助宏观经济的"东风"扬帆起航。

任务一 宏观经济运行对证券市场的影响分析

◆ 任务描述

假设你是一位证券分析师,在宏观经济外部环境出现变化时,你觉得会如何影响证券市场?

◆ 任务要求

了解宏观经济对证券市场的影响途径,掌握宏观经济变动与证券市场波动的关系。

◆ 任务实现

一、宏观经济运行对证券市场的影响

证券市场是整个国民经济的重要组成部分,它在宏观经济的大环境中发展,同时又服务于国民经济的发展。宏观经济运行态势是关系到证券市场大盘走势的最基本因素。它从以下几个方面影响证券市场。

(一)上市公司经营业绩

上市公司的经营业绩是影响投资者决策的关键要素。公司的经营业绩会随着宏观经济运

行周期、宏观经济政策、利率水平和物价水平等宏观经济因素的变动而变动。如果宏观经济运行趋好,企业总体盈利水平提高,有利于其股票市值上涨;如政府采取紧缩性的货币政策,企业投资和经营将会受到抑制,盈利下降,其股票市值也可能缩水。

(二)居民可支配收入

在经济周期处于上升阶段或在提高居民收入政策的作用下,居民可支配收入水平提高,将会在一定程度上拉动消费需求,从而增加相关公司的经济效益。另外,居民可支配收入水平的提高,也会直接增加对证券的投资需求。

(三)资金成本

单位和居民的资金成本会因国家某些经济政策的调整而发生变化。如采取调高利率、实施消费信贷管制、加征所得税等政策时,上市公司、各类投资者和普通居民的资金成本将随之增加,进而会影响上市公司的业绩水平、证券的投资意愿和投资能力,最终可能会形成证券市场下行的压力。

(四)投资者对股价的预期

投资者对股价的预期最终决定其投资决策。当宏观经济总体趋好时,投资者预期公司业绩和自身投资收益会上升,证券市场自然人气旺盛,从而推动市场股票平均价格走高;反之,则会令投资者对证券市场信心下降。

二、宏观经济变动与证券市场波动的关系

(一)国内生产总值变动对证券市场的影响

国内生产总值变动是一国经济成就的根本反映,国内生产总值的持续上升表明国民经济良性发展,制约经济的各种矛盾趋于或达到协调,人们有理由对未来经济产生好的预期;相反,如果国内生产总值处于不稳定的非均衡增长状态,暂时的高产出水平并不表明一个好的经济形势,非均衡的发展可能激发各种矛盾,从而孕育一个深远的经济衰退。

从长期来看,在上市公司行业结构与该国产业结构基本一致的情况下,股票平均价格变动与国内生产总值变化趋势相吻合。但投资者并不能简单地认为,只要国内生产总值增长,证券市场行情必将随之上扬,实际走势往往复杂多变,必须将国内生产总值的增长和与它相关的各种经济因素结合在一起进行考察。

(1)持续、稳定、高速的国内生产总值增长,一般推动证券市场呈上升走势。这是因为在这种情形下,经济增长往往源于需求刺激下资源更充分的利用,社会总供求协调增长,经济结构趋于平衡、合理,经济的健康发展为证券市场的上升提供了良好的推动力量。具体体现在:上市公司利润持续上升,投资风险逐渐减小,股票和债券全面升值;国民收入和个人收入增加,扩大了对债券的需求;人们对经济形势的乐观预期进一步提升了证券投资的积极性。

(2)高通货膨胀下的国内生产总值增长,必将导致证券市场行情下跌。高通货膨胀率的出现通常是由于社会总需求大大超过社会总供给,经济严重失衡,如果调控不当,极可能导致未来的滞胀。这时,经济中的各种矛盾会逐渐显现,企业经营面临困境,人们的收入降低,对未来的悲观预期加重,必将导致证券市场行情下挫。

(3)宏观调控下的国内生产总值减速增长,将使证券市场呈平稳渐升的态势。为了控制失衡状态下的国内生产总值高速增长,政府一般都要采取一些紧缩性的政策来减缓国内生产总值的增长速度,维持经济的稳定。如果调控得力,国内生产总值仍然保持适度增长而非负增长或者低增长,各种经济矛盾逐步缓解,人们对经济的发展将重新恢复信心,证券市场行情由此亦将平稳渐升。

(4)转折性的国内生产总值增长,会促使证券市场走强。当国内生产总值负增长速度逐渐减缓并呈现向正增长转变的趋势时,证券市场走势也将由下跌转为上升;当国内生产总值由低速增长转向高速增长时,证券市场亦将伴之以快速上涨之势。

以上分析我们均沿着国内生产总值正增长的方向进行,当事实呈反方向运行时,则会导致相反的后果。值得注意的是,国内生产总值是经济的宏观指标,股价指数是股市的宏观指标,两个指标之间理应存在一定的内在关联,但这种关联不是机械的对应。由于影响证券市场走势的因素很多,一国的证券市场与本国的国内生产总值的走势可能出现超前、同步或者背离等多种情况(见图3-1)。

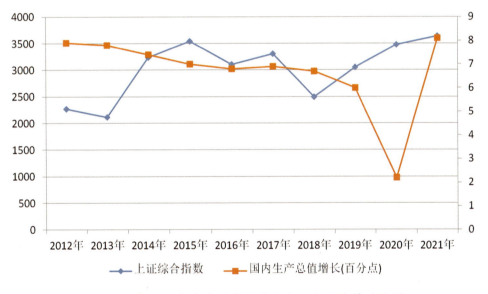

图3-1 我国国内生产总值增速与上证指数走势关系图

(二)经济周期与证券市场波动的关系

科学研究和实践证明,宏观经济走势呈螺旋式上升、波浪式前进,具有周期轮回的特征。宏观经济的这种周期性波动,被称为经济周期。通常情况下,一个完整的经济周期划分为4个阶段:复苏—繁荣—衰退—萧条。与实体经济周期变化相对应,证券市场也会呈现出上升期、高涨期、下降期和停滞期的交替状况(见图3-2)。

1. 萧条阶段

萧条阶段即经济活动低于正常水平的阶段。此时,信用收缩,投资减少,生产下降,失业严重,消费萎缩,悲观情绪笼罩着整个经济领域。在股市中,利空消息满天乱飞,市场人气极度低迷,成交萎缩频创地量,股指不断探新低,一片熊市景象。当经济萧条到一定时期,人们压抑的

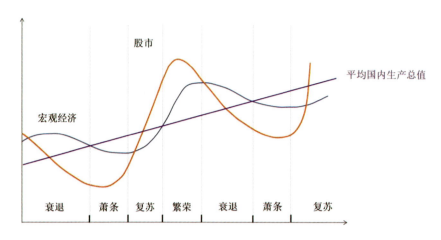

图 3-2 经济周期与股市走势关系图

需求开始显露,公司开始积极筹划未来,政府为了刺激经济增长,出台放松银根及其他有利于经济增长的政策。由于对经济复苏的预期,一些有远见的投资者开始默默吸纳股票,股价在缓缓回升。

2. 复苏阶段

该阶段是萧条与繁荣的过渡阶段。在这一阶段,各项经济指标显示,经济已开始回升,公司的经营转好,盈利水平提高,经济的复苏使居民的收入增加,加之良好预期,流入股市的资金开始增多,对股票的需求增大,从而推动股价上扬。股市的获利效应使投资者对股市的信心增强,更多的居民投资股市,形成股价上扬的良性循环。

3. 繁荣阶段

在这一阶段,信用扩张,投资增加,生产高涨,就业充分,消费旺盛,乐观情绪笼罩着整个经济领域。在股市中,投资者信心十足,交易活跃,成交剧增,股价指数屡创新高。当经济繁荣达到过热阶段时,政府为调控经济会提高利率,实行紧缩银根的政策,公司业绩会因成本上升、收益减少而下降,股价上升动力衰竭。此时股价所形成的峰位往往成为牛市与熊市的转折点。

4. 衰退阶段

在该阶段,国内生产总值开始下降,股价由繁荣末期的缓慢下跌变成急速下跌,由于股市的总体收益率降低甚至低于利率,加之对经济的预期看淡,人们纷纷离开股市,股市进入漫长的熊市。

证券市场与宏观经济之间所具有的显著相关性只有在成熟的证券市场条件下才能表现出来,而在不成熟的证券市场上,证券市场与宏观经济的走势则经常会出现相互背离的现象。近几年来,我国经济强劲上升,股市却我行我素,疲弱不堪,证券市场与宏观经济走势相互背离极为严重。其中的原因是,在我国,影响上市公司股价或股市变动的核心因素并不是宏观经济基本面或公司基本面,而是我国证券市场的非市场化因素,尤其是股市形成机制和结构问题。政府作为市场的管理者,同时也是一个特殊的主体介入市场活动中,它通过行政机制和行政手段对证券市场进行全程的监管。这就决定了中国证券市场与经济发达国家不一样,它不可能完全通过市场引导资源配置,诱发规范的市场行为产生。

在我国资本市场逐渐融入国际化的浪潮中,股市的规范化和国际惯例化的程度将会日益提高,这在相当大的范围内会促使证券市场更加成熟。我国证券市场政策市、独立市的特点将趋于弱化,不完全流通、不能做空等历史弊端也将随着时机的成熟而得到解决。

(三)通货变动对证券市场的影响

通货变动包括通货膨胀和通货紧缩。通货膨胀是在一定时间内一般物价水平的持续上涨现象,通货紧缩反之。

1. 通货膨胀对证券市场的影响

通货膨胀对证券市场特别是个股的影响,没有永恒的定势,它完全可能同时产生相反方向的影响,对这些影响做具体分析和比较必须从该时期通胀的原因、通胀的程度,配合当时的经济结构和经济形势、政府可能采取的干预措施等分析入手。一般有如下几种情况:

(1)温和、稳定的通货膨胀对股价的影响较小。通货膨胀提高了债券的必要收益率,从而引起债券价格下跌。

(2)如果通货膨胀在一定的可容忍范围内持续,而经济处于景气(扩张)阶段,产量和就业都持续增长,那么股价也将持续上升。

(3)严重的通货膨胀是很危险的,可能从两个方面影响证券价格:其一,资金流出证券市场,引起股价和债券价格下跌;其二,经济扭曲和失去效率,企业筹集不到必需的生产资金,同时,原材料、劳务成本等价格飞涨,使得企业经营受挫,盈利水平下降,甚至倒闭。

(4)政府往往不会长期容忍通货膨胀存在,因而必然会使用某些宏观经济政策工具来抑制通货膨胀,这些政策必然对经济运行造成影响。

(5)通货膨胀时期,并不是所有价格和工资都按同一比例变动,而是相对价格发生变化。这种相对价格变化会导致财富和收入的再分配,因而某些公司可能从中获利,而另一些公司可能会蒙受损失。

(6)通货膨胀不仅产生经济影响,还可能产生社会影响,并影响投资者的心理和预期,从而对股价产生影响。

(7)通货膨胀使得各种商品价格具有更大的不确定性,也使得企业未来经营状况具有更大的不确定性,从而增加证券投资的风险。

(8)通货膨胀对公司的微观影响表现为:通货膨胀之初,"税收效应""负债效应""存货效应""波纹效应"有可能刺激股价上涨;但长期严重的通货膨胀,必然恶化经济环境、社会环境,股价将受大环境影响而下跌。

2. 通货紧缩对证券市场的影响

通货紧缩带来的经济负增长,使得股票、债券及房地产等资产价格大幅下降,银行资产状况严重恶化。而经济危机与金融萧条的出现反过来又大大影响投资者对证券市场走势的信心。

拓展阅读

采购经理人指数

采购经理人指数(PMI),是通过对企业采购经理的月度调查结果统计汇总、编制而成的指数,它涵盖了企业采购、生产、流通等各个环节,包括制造业和非制造业领域,是国际上通用的监测宏观经济走势的先行性指数之一,具有较强的预测、预警作用。目前,我国制造业 PMI 由国家统计局和中国物流与采购联合会共同合作编制,在每月的第一个工作日定期发布。

PMI 高于 50% 时,反映经济总体较上月扩张;低于 50%,则反映经济总体较上月收缩。2022 年 8 月份,我国制造业采购经理人指数(PMI)为 49.4%,虽然低于临界点,但比上月上升 0.4 个百分点,制造业景气水平有所回升(见图 3-3)。

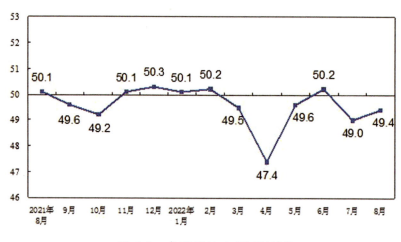

图 3-3　我国制造业 PMI/(%)

巩固与练习

1. 习近平总书记深刻指出:"当今世界正经历百年未有之大变局。"这是我们党立足中华民族伟大复兴战略全局,科学认识全球发展大势、深刻洞察世界格局变化而作出的重大判断。

百年未有之大变局,概括起来说就是当前国际格局和国际体系正在发生深刻变革,国际力量对比正在发生近代以来最具革命性的变化,世界范围呈现出影响人类历史进程和趋向的重大态势。

在世界大变局中,中国持续快速发展,中华民族伟大复兴不断前进,成为世界格局演变背后的主要推动力量。

习近平总书记强调:"大变局带来大挑战,也带来大机遇,我们必须因势而谋、应势而动、顺势而为。"

结合当前我国内外经济情况,讨论对我国证券市场有怎样的影响。

2.通过互联网查找一个完整的经济周期,分析探讨证券市场的波动情况。

3.在互联网查询城镇登记失业率、全社会固定资产投资、CPI、社会消费品零售总额等相关指标,分析它们的近期发展趋势。

4.选择上题中的一个指标,分析它对上证指数的影响。

任务二　宏观经济政策对证券市场的影响分析

任务描述

通过之前的学习,我们了解到了宏观经济会影响证券市场,本任务将探讨具体的宏观经济政策如何影响证券市场波动。

任务要求

了解政策调整与证券市场波动之间的关系,掌握财政政策及货币政策影响证券市场的基本原理。

任务实现

一、财政政策与证券市场调控

财政政策是政府依据客观经济规律制定的指导财政工作和处理财政关系的一系列方针、准则和措施的总称,主要通过财政赤字、财政补贴、改变税收、国债政策等手段影响总需求,促进社会总供给和总需求趋于平衡。

(一)财政政策的手段及功能

财政政策的实施主要是通过国家预算、税收、国债、财政补贴等手段,这些手段可以单独使用,也可以相互配合使用。

1. 国家预算

国家预算是财政政策的主要手段。国家预算对经济的调控作用主要表现在以下两个方面。

首先,通过调整国家预算收支之间的关系,可以起到调节社会供求总量的作用。当社会总需求大于社会总供给时,国家预算采用"收大于支"的结余政策,压缩财政支出,可以缩小社会总需求;当社会总供给大于总需求时,国家预算采用"支大于收"的赤字政策则能够扩张社会总需求;在社会供求总量大体平衡时,国家预算实行收支平衡的中性政策与之配合。

其次,通过调整国家预算支出结构,可以调节国民经济中的各种比例关系和经济结构,促使社会的总供求结构平衡。财政投资主要运用于能源、交通以及重要的基础产业、基础设施的建设,财政投资的多少和投资方向直接影响和制约部门经济,因而既具有造就未来经济结构框架的功能,也有矫正当期结构失衡的功能。但国家预算手段调控能力的大小,与财政收入占国民收入的比重关系极大。这一比例越高,国家预算调控力度就越大;反之,比重越低,国家预算调控的力度就越小。

2. 税收

税收是国家凭借政治权力参与社会产品分配的重要形式,具有强制性、无偿性和固定性的特征。税收既是筹集财政收入的主要工具,又因具有多重调节职能成为宏观经济调控的重要手段。

(1)税收能够调节社会总供给与总需求之间的平衡。从调节总供给来看,可以通过降低税率和扩大减免税范围,增加企业可支配收入,刺激投资和增加供给;反之,提高税率和缩小减免税范围,使企业可支配的收入减少,影响企业投资和生产的发展,从而减少供给。

(2)税收能够调节供求结构。这主要是通过设置不同的税率和税种来实现对生产结构和消费结构的调节。就生产结构来看,某一产业的发展取决于该产业的盈利水平,而税收对盈利水平有着重要的影响。在价格不变的条件下,税收的增减直接影响利润,从而鼓励或限制某些产业的发展。就消费结构来看,当某种产品供求不平衡时,既可以通过调节产业结构来实现,也可以通过设置不同的税种和税率直接调节消费结构来进行。

(3)税收能够调节国际收支平衡。这主要通过进口关税政策和出口退税政策来实现。例如,当一国国际收支出现赤字时,政府一方面通过出口退税刺激出口,另一方面征收或调高进口关税抑制进口,使国际收支达到平衡。

3. 国债

国债是中央政府按照有偿信用原则筹集财政资金的一种重要形式,同时也是实现宏观调控的重要财政政策手段。国债的调节作用主要表现在以下方面。

(1)国债可以调节国民收入的使用结构,以及积累和消费的比例关系。中央政府通过发行国债,将社会上闲散的消费资金转化为积累资金,用于生产建设。

(2)国债可以调节产业结构。中央政府通过发行国债筹集资金并将资金运用到社会效益和宏观效益较高的项目上,消除企业和银行投资较注重微观效益而常常与宏观经济目标发生矛盾的弊端,站在整个国家的角度调节投资结构,促进整个国民经济结构趋于合理。

(3)国债可以调节资金供求和货币流通。中央政府通过扩大或减少国债的发行,降低或提高国债利率或贴现率直接调节货币供求和货币流通量来调节整个国民经济。

4. 财政补贴

财政补贴是国家为了某种特定需要,将一部分财政资金无偿补助给企业和居民的一种再分配形式。我国的财政补贴主要包括价格补贴、企业亏损补贴、财政贴息、房租补贴、职工生活补贴和外贸补贴。

5. 转移支付

转移支付制度是指中央财政将集中的一部分财政资金,按一定标准拨付给地方财政的一项制度。它的主要功能是调整中央政府和地方政府之间的财政纵向不平衡,以及调整地区间的财政横向不平衡。

(二)财政政策的运作及对证券市场的影响

1. 扩张性财政政策对证券市场的作用机理

扩张性财政政策又称为宽松的或积极的财政政策,通常采用下列政策手段对证券市场发生影响。

(1)减少税收,降低税率,扩大减免范围。对于上市公司,减税会直接减少支出、增加税后利润,每股税后收益增加,这使股票更加"值钱",股票的交易价格也将上涨。上市公司税后收益增加,企业投资增加,进而带动社会整体需求增加,促进经济增长,使企业利润进一步增加,证券价格将长期走牛。对于社会公众,降低税收、扩大减免税范围,在增加了社会公众收入的同时也增加了投资需求和消费需求,增加投资需求直接加大对证券的需求,而增加消费需求会带动社会整体需求增加,因此,减税有利于证券价格上涨。

(2)增加政府支出。加大政府的财政支出与财政赤字,通过政府的投资行为,增加社会整体需求、扩大就业、刺激经济的增长,这样企业利润也将随之增加,进而推动股票价格上涨。特别是与政府购买和支出相关的企业将最先、最直接获益,其证券价格将率先上涨。在经济的回升中,居民收入增加,居民的投资需求和消费需求也会随之增加,前者会直接刺激股价上涨,后者会间接促使股价步入上升通道。但此项政策使用要适度,否则支出过度导致财政出现巨额赤字时,需求虽然得到进一步扩大,但同时也增加了经济的不稳定因素。通货膨胀加剧,物价上涨,有可能使投资者对经济预期不乐观,反而造成股价下跌。

(3)发行国债。一国政府运用国债这个政策工具实施财政政策时,往往要考虑很多的因素。实施宽松的财政政策,从增加社会货币流通量这个角度出发,往往会减少国债的发行;从增加政府支出及加大财政赤字这个角度出发,又会增加国债的发行。减少国债的供给,社会货币流通量增加,在股票总供给量不变或变化较小时会增加对股票的需求,使股价上涨。但减少国债发行又会影响到政府的支出,给国民经济及股市上涨带来负面影响。增加国债的发行一方面导致证券供应的增加,在证券市场无增量资金介入的情况下,就会减少对股票的需求,引起股票价格下跌;另一方面又会增加政府的支出,刺激国民经济增长,有利于股市上涨。因此,国债的发行对股价的影响十分复杂,不能单纯地从一个角度来分析国债发行对股价的影响。

(4)增加财政补贴。财政补贴增加了财政支出,有利于扩大社会总需求和刺激供给增加,从而使整个证券市场的总体水平趋于上涨。

2.紧缩性财政政策对证券市场的作用机理

紧缩性财政政策对证券市场的影响与上述情况相反,从总体上抑制证券市场价格上涨。

二、货币政策与证券市场的调控

货币政策是指政府为实现一定的宏观经济目标所制定的关于货币供应和货币流通组织管理的基本方针和基本准则,主要通过调控货币供应总量保持社会总供给与总需求平衡;通过调控利率和货币总量控制通货膨胀,保持物价总水平的稳定;调节消费、储蓄与投资的比例,引导储蓄向投资的转化,实现资源的合理配置,保持经济持续稳定发展。具体来讲,货币政策的目标就是:稳定物价、实现充分就业、保持经济增长和国际收支平衡。

(一)货币政策工具

中央银行在实施货币政策、调控宏观金融方面,需借助于一些经济杠杆作为政策工具,以实现其对货币量和信用量的调控。就一般而论,作为货币政策的工具,必须是与货币运行机制相联系的,并且具有可操作性。

中央银行使用的传统货币政策工具包括法定存款准备金率、再贴现、公开市场业务等典型市场经济条件下对货币供给进行控制的工具,在这里,我们还要介绍一些其他的货币政策工具。

1.一般性政策工具

一般性政策工具包括以下几种:

(1)法定存款准备金率。法定存款准备金率是指根据法律规定,商业银行等将其所吸收的存款和发行的票据存放在中央银行的最低比率。法定存款准备金主要用于应付商业银行等面临的挤提,通常以不兑现货币形式存放在中央银行。

法定存款准备金率政策的真实效用体现为它对商业银行的信用扩张能力、对货币乘数的调节。由于商业银行的信用扩张能力与中央银行投放的基础货币量存在着乘数关系,而货币乘数则与法定存款准备金率成反比,因此,若中央银行采取紧缩政策,可提高法定存款准备金率,从而限制了商业银行的信用扩张能力,降低了货币乘数,最终起到收缩货币量和信贷量的效果;反之则反。

法定存款准备金率政策存在的主要缺陷包括:①当中央银行调整法定存款准备金率时,商业银行可以变动其在中央银行的超额存款准备金,从反方向抵消法定存款准备金率政策的作用;②法定存款准备金率对货币乘数的影响很大,作用力度很强,往往被当作一剂"猛药";③调整存款准备金率对货币供应量和信贷量的影响要通过商业银行的辗转存、贷,逐级递推而实现,见效较慢,时滞较长。因此,法定存款准备金率政策往往是作为货币政策的一种自动稳定机制,而不将其作为适时调整的经常性政策工具来使用。

(2)再贴现。再贴现是指中央银行向持有商业票据等支付工具的商业银行进行贴现的行为。

再贴现政策是央行根据需要调整再贴现率,以增加或减少货币供应量的政策措施。当中央银行提高再贴现率时,商业银行借入资金的成本上升,基础货币得到收缩;反之则反。与法定存款准备金率相比,再贴现工具的弹性相对要大一些,作用力度相对要缓和一些。但是,再贴现政策的主动权却操纵在商业银行手中,因为向中央银行请求贴现票据以取得信用支持,仅是商业银行融通资金的途径之一,商业银行还有其他的诸如出售证券、发行存单等融资方式。因此,中央银行的再贴现政策是否能够获得预期效果,还取决于商业银行是否采取主动配合的态度。

(3)公开市场业务。中央银行在证券市场上公开买卖国债、发行票据的活动即为中央银行的公开市场业务。中央银行在公开市场的证券交易活动,其对象主要是商业银行和其他金融机构,目的在于调控基础货币,进而影响货币供应量和市场利率。

公开市场业务是比较灵活的金融调控工具。与存款准备金率政策相比较,公开市场业务政策更具有弹性和优越性:一是中央银行能够运用公开市场业务,影响商业银行的准备金,从而直接影响货币供应量;二是公开市场业务使中央银行能够随时根据金融市场的变化,进行经常性、连续性的操作;三是通过公开市场业务,中央银行可以主动出击;四是由于公开市场业务的规模和方向可以灵活安排,中央银行有可能用其对货币供应量进行微调。但是它的局限性也比较明显:一是金融市场不仅必须具有全国性,而且要具有相当的独立性,可用于操作的证券种类必须齐全并达到必需的规模;二是必须有其他货币政策工具配合,例如,如果没有法定存款准备金制度配合,这一工具就无法发挥作用。

2.选择性货币政策工具

传统的三大货币政策工具都属于对货币总量的调节,以影响整个宏观经济。在这些一般性政策工具之外,还可以有选择地对某些特殊领域的信用加以调节和影响。其中包括消费信用控制、不动产信用控制、优惠利率、预缴进口保证金等。

消费信用控制是指中央银行对不动产以外的各种耐用消费品的销售融资予以控制。其主要内容包括规定分期付款购买耐用消费品的首付最低金额、还款最长期限、适用的耐用消费品种类等。

3. 直接信用控制

直接信用控制是指中央银行以行政命令或其他方式,从质和量两个方面直接对金融机构尤其是商业银行的信用活动进行控制,其手段包括利率最高限、信用配额、流动性比率和直接干预等。其中,规定存贷款最高利率限制,是最常使用的直接信用管制工具,如1986年以前美国的"Q条例"。

4. 间接信用指导

间接信用指导是指中央银行通过道义劝告、窗口指导等办法间接影响商业银行的信用创造。

道义劝告是指中央银行利用其声望和地位,对商业银行及其他金融机构经常发出通告或指示,与各金融机构负责人面谈,劝告其遵守政府政策并自动采取贯彻政策的相应措施。

窗口指导是指中央银行根据产业行情、物价趋势和金融市场动向等经济运行中出现的新情况或新问题,对商业银行提出的贷款增减建议。若商业银行不接受,中央银行将采取必要的措施,如可以减少对其贷款的额度,甚至采取停止提供信用等制裁措施。窗口指导虽然没有法律约束力,但影响力往往比较大。

间接信用指导的优点是较为灵活,但要起作用,中央银行必须在金融体系中有较高的地位,并拥有控制信用的足够的法定权力和手段。

(二)货币政策的运作及对证券市场的影响

货币政策的运作主要是指中央银行根据客观经济形势采取适当的货币政策,调控货币量和信用规模,使之达到预定的货币政策目标,并以此影响经济的运行。根据运作方向,货币政策可以分为宽松性货币政策和紧缩性货币政策。一般情况下,当物价持续回落、需求不足、经济衰退时,中央银行会采取宽松性货币政策,即降低法定存款准备金率和再贴现率及再贷款利率、增加政府公开购买、降低利率;当物价上涨、需求过度、经济过度繁荣时,中央银行会采取紧缩性货币政策,即提高法定存款准备金率和再贴现率及再贷款利率、减少政府公开购买、提高利率。总的来说,宽松性货币政策将促使证券市场走强,紧缩性货币政策则使其趋弱。

1. 宽松性货币政策对证券市场的作用机理

(1)降低利率。

一般而言,降低利率将促使股票价格上涨。其原因是:①降低利率,投资于股票的机会成本降低,从而会直接吸引储蓄资金流入股市,导致对股票的需求增加,刺激股价长期走好;②降低利率,企业借款成本降低、利润增加,股价自然上涨;③利率是计算股票理论价格的重要依据,利率降低,股票理论价格提高,促使股票市场价格进一步上涨。

在货币政策工具中,利率的调整对股价的影响是十分直接的,但利率的变动与股价运动呈反方向变化是一般情况,并非绝对的负相关关系。在股市暴跌时,即使下调利率,也可能会使股市回升乏力;同样,在股市行情暴涨时,上调利率控制股价的作用也不一定很明显。

(2)下调法定存款准备金率、再贷款利率、再贴现率。

中央银行利用这三种货币政策工具来调节货币供应量,从而影响货币市场和资本市场的资金供求,进而影响证券市场。如果中央银行下调存款准备金率、再贷款利率、再贴现率,就能增加商业银行的资金头寸,使商业银行可贷资金充裕。这样,首先能够为上市公司提供良好的融资环境:一方面有利于上市公司获得更多的贷款进行资产重组,摆脱经营困境,增加营业利润,为股价攀升奠定坚实的基础;另一方面,上市公司拥有多个融资渠道,就会减轻对股民的配股压力,使二级市场资金更为宽裕,也有利于股价震荡上行。其次,有利于基金管理公司、证券公司等非银行金融机构到银行同业拆借市场拆借更多的资金,也有利于上市公司、国有公司、国有控股上市公司直接向商业银行借款投资于证券市场,资金供应增加会直接刺激证券市场行情上扬。

(3)加大公开市场购买。

在政府倾向于实施宽松性货币政策时,中央银行利用公开市场业务操作可以从两个方面影响证券市场:第一,中央银行大量购买有价证券,增加市场上的货币供应量,会推动利率下调,降低资金成本,从而激发企业和个人的投资热情和消费热情,有利于推动股价上涨;第二,中央银行公开市场以国债业务为操作对象,大量购买国债会改变国债市场的供求关系,直接影响国债市场的波动。

(4)选择性货币政策工具的使用。

直接信用控制和间接信用指导通常和产业政策、区域政策结合使用,对证券市场走势产生结构性影响。对于国家的优先发展产业、支柱产业以及农业、能源、交通、通信等基础产业,或者国家要优先重点发展的地区,政府如果采取放松对商业银行的信贷管制、扩大信贷规模等扶持措施加以区别对待,相应板块的股票价格往往会领涨于其他板块或者大盘,甚至逆势而上。

2. 紧缩性货币政策对证券市场的作用机理

紧缩性货币政策对证券市场的影响与宽松性货币政策正好相反。

值得注意的是,财政政策与货币政策对股票价格的影响十分复杂,并且政策滞后效应较为明显。受到其他宏观经济因素以及投资者预期因素的影响,在政策调整的消息出台后,证券市场的表现有时与理论上的推导相一致,有时可能会有偏差,甚至反向运动。

拓展阅读

稳健货币政策保持定力顶住压力 支持宏观经济大盘稳定

据中国人民银行网站消息,近年来,面对复杂严峻的国际环境和艰巨繁重的国内改革发展稳定任务,并经历了新冠肺炎疫情的严重冲击和反复扰动,稳健货币政策保持定力、顶住压力、科学施策,坚持不搞"大水漫灌"、不超发货币,没有大起大落、大放大收,而是始终坚持稳字当头、以我为主,保持货币金融条件的合理稳定,在全球高通胀背景下保持了物价形势稳定,支持了宏观经济大盘稳定。

一是保持货币信贷总量增长的稳定性。综合运用多种货币政策工具，保持银行体系流动性合理充裕。2018年以来，人民银行共13次下调存款准备金率，释放长期资金10.8万亿元，支持金融机构加大对实体经济信贷支持力度。2018年—2021年，我国M2平均增速为9%，与同期名义GDP平均增速8.3%大致相当，既保持金融支持实体经济力度稳固，又避免大水漫灌，宏观杠杆率也基本稳定。

二是持续推动实体经济融资成本稳中有降。利率是资金的价格，对宏观经济均衡和资源配置有重要导向意义。近年来，人民银行适应潜在经济增速变化，合理把握宏观利率水平，同时持续深化利率市场化改革，完善市场化利率形成和传导机制，推进贷款市场报价利率改革，建立存款利率市场化调整机制，推动实际贷款利率稳中有降，为实体经济发展营造适宜的利率条件。2022年9月，1年期LPR为3.65%，较2018年初下降70个基点。

三是强化重点领域、薄弱环节和受疫情影响行业的支持。创新和运用结构性货币政策工具，完善激励相容机制，引导金融机构持续做好对小微企业、绿色发展、科技创新、制造业等领域的信贷支持。对中小微企业和个体工商户、货车司机贷款及受疫情影响的个人住房与消费贷款等实施延期还本付息。2022年7月末，普惠小微贷款余额为21.9万亿元，为2018年初的2.7倍；普惠小微贷款支持小微经营主体5255万户，是2018年初的2.5倍；小微企业融资成本显著下行，"融资难、融资贵"问题有所缓解。

四是保持人民币汇率在合理均衡水平上基本稳定。近年来，人民币汇率由市场决定，保持弹性，发挥了调节宏观经济和国际收支自动稳定器的功能，较好地促进了内外部均衡。适时适度运用外汇存款准备金率等工具，坚持外汇交易的风险中性和实需原则，建立健全跨境资本流动"宏观审慎＋微观监管"两位一体管理框架，有效管理预期，人民币汇率双向波动，总体稳定，没有持续单边升值或贬值。

巩固与练习

1. 查询我国LPR的最新信息，在表3-1的空白单元格填入对应的信息。

表3-1 我国LPR最新信息

中文名称		发布人	
外文名称		形成机制	
发布时间		改革完善	
启用时间		作用	
1年期LPR		5年期LPR	

2.进入中国人民银行网站或其他财经网站,收集我国LPR的变动数据,阐述其变动趋势,并分析我国LPR变动对股市的影响。

3.收集当前我国的财政政策信息,归纳政府当前所采取的财政政策,分析当前财政政策对证券市场的影响。

项目四
证券投资的行业分析

ZHENGQUAN TOUZI SHIWU

本项目主要介绍基本分析中的行业分析。行业分析是介于宏观经济分析与公司分析之间的中观层次的分析。本项目主要介绍行业所属的不同市场类型、所处生命周期的不同阶段以及行业的业绩对证券价格的影响。

学习目标

1. 理解影响行业兴衰的因素；
2. 掌握行业生命周期分析方法和技巧；
3. 掌握行业市场结构分析方法和技巧；
4. 会进行证券投资的行业选择。

职业素养点拨

证券投资行业分析的重要性

宏观经济分析为证券投资提供了基本的投资策略与背景条件，但没有为投资者解决投资什么的问题，要对具体的投资对象加以选择，还需要进行行业分析和公司分析。分析上市公司所属行业与股价变化关系的意义非常重大。行业分析是对上市公司进行分析的前提，也是连接宏观经济分析与上市公司分析的桥梁，在整个基本分析中起着承上启下的作用，是基本分析的重要内容。

行业是指作为现代社会中基本经济单位的企业，由于其劳动对象或生产活动方式的不同，生产的产品或所提供的服务的劳务性质、特点和在国民经济中的作用不同而形成的产业类别。一般而言，一个企业的增长与其行业的增长是一致的。因此，在进行了总的宏观经济分析后，证券投资者应该进一步考察不同行业的状况，进行行业分析，以期把握各类行业的现状及发展前景，只有这样才能做出对具体公司的选择。

任务一　行业的生命周期分析

任务描述

自然界有周期——寒来暑往、秋收冬藏；投资界也有周期——牛熊交替、涨久必跌；每个行业或企业也有它的生命周期——生老病死、优胜劣汰。如果从行业的生命周期来选股，应该注意哪些方面？本任务教你精准识别行业生命周期的方法。

任务要求

了解处于不同生命周期阶段的行业特征和投资选择，掌握行业生命周期分析的方法和技巧。

一、了解上市公司行业分类

行业划分有很多种方法。在进行实训时,可以通过同花顺 APP 进行查找。首先,打开同花顺 APP 主界面,在下部菜单栏中点击"行情",再点击"板块",如图 4-1 所示。然后,点击"更多",即可显示 76 个行业大类,如图 4-2 所示。最后,选择一个行业类型,如"小金属",即可显示该行业所包括的所有上市公司。

图 4-1　行业分类操作示意图　　　　图 4-2　行业分类示意图

二、行业的生命周期分析

一个行业所经历的从产生、发展到衰退的演变过程称为行业的生命周期。一般来说,行业生命周期包括以下四个阶段:初创期、成长期、成熟期和衰退期。通常我们通过行业生命周期模型进行行业分析,可以认识和了解行业内公司的经营环境,包括行业类型、外部因素、行业需求、获利能力等。研究行业生命周期的主要目的,不在于描述行业的一般的发展过程,而在于通过研究,认清目标公司所在的行业在生命周期中所处的阶段以及该阶段的特征,能在一定程度上帮助人们选择较合理的行业进行投资,对投资者起到重要的指导作用。

(一)初创期

初创期也称导入期,在这一阶段,新行业初建不久,只有为数不多的创业公司投资于这个新兴的行业。由于初创阶段行业的创立投资和产品的研究、开发费用较高,同时因大众对其尚缺乏了解,其产品的市场需求狭小,销售收入较低,所以这些创业公司可能不但没有赢利反而发生亏损,这必然使其面临很大的投资风险,甚至还可能因财务困难而引发破产的危险。

在初创期后期,随着行业生产技术的提高、生产成本的降低和市场需求的扩大,新行业便逐步由高风险、低收益的初创期转向高风险、高收益的成长期。

(二)成长期

在这一时期,拥有一定市场营销和财务力量的公司逐渐主导市场,这些公司往往是较大的公司,其资本结构比较稳定,因而它们开始定期支付股利并扩大经营。

在成长期,新兴行业的产品经过广泛宣传和消费者的试用,逐渐赢得了消费者的认可,市场需求开始上升。与市场需求变化相适应,供给方面也相应出现了一系列的变化,即投资于新兴行业的厂商大量增加,产品也逐渐从单一、低质、高价向多样、优质、低价方向发展,因而新兴行业出现了生产厂商和产品相互竞争的局面。这种状况的继续将导致市场竞争的不断发展和产品产量的不断增加,市场的需求日趋饱和。生产厂商不能单纯地依靠扩大生产量、提高市场份额来增加收入,而必须依靠追加投资、提高生产技术、降低成本以及研制和开发新产品来争取竞争优势、战胜竞争对手和维持公司的生存。但是这种方法只有资本和技术力量雄厚、经营管理有方的企业才能做到。那些财力与技术较弱、经营不善或新加入的公司则往往被淘汰。

处于成长期的公司其利润虽然增长很快,但是所面临的竞争风险也非常大,破产率与合并率相当高。在成长阶段的后期,由于优胜劣汰规律的作用,市场上生产厂商的数量在大幅度下降之后开始稳定下来,市场需求基本饱和,产品的销售增长减慢,迅速赚取利润的机会减少,整个行业开始进入稳定期。

在成长期,虽然行业仍在增长,但是这时的增长具有可测性。由于受不确定因素的影响较少,行业的波动也比较小,此时投资者蒙受经营失败而导致投资损失的可能性大大降低,因此,他们分享行业增长带来的收益的可能性大大提高。

(三)成熟期

行业的成熟期是一个相对较长的时期。这一时期,在竞争中生存下来的少数大厂商垄断了整个行业的市场,每个厂商都占有一定比例的市场份额。由于彼此势均力敌,市场份额比例发生变化的程度比较小。厂商之间的竞争逐渐从价格手段转向非价格手段,例如提高产品质量、改善性能和加强售后服务等。行业利润达到了较高的水平,而风险却比较低,这是因为市场已经被原有大公司按比例分割,新公司很难进入市场。

在行业成熟期,行业增长速度降到一个更加适度的水平。在某些情况下,整个行业的增长可能会完全停止,其产出甚至会下降。当国内生产总值减少时,行业会蒙受更大的损失。然而,我们在短期内很难识别某一行业何时进入成熟阶段。

(四)衰退期

这一时期出现于较长的成熟期之后,由于新产品和大量替代品的出现,原行业的市场需求开始逐渐减少,产品的销售量开始下降,某些厂商开始向其他更有利可图的行业转移资金,因而原行业出现了厂商数目减少、利润下降的萧条景象。至此,整个行业便进入了生命周期的最后阶段。当正常利润无法维持或现有投资折旧完毕后,整个行业便逐渐解体了。

行业生命周期各阶段及其特征如图 4-3 所示。

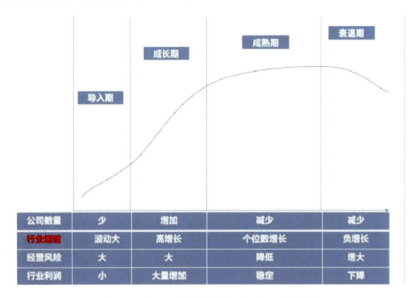

图 4-3　行业生命周期各阶段及其特征

三、运用行业生命周期分析法的注意事项

一般来说,处于不同阶段的行业适合不同的投资者,同样,不同偏好的投资者应该选择适合自己的行业类型进行投资。具体总结如表 4-1 所示。

表 4-1　不同偏好的投资者对不同阶段的行业选择

行业所处阶段	投　资　选　择
初创期	适合投机者、风险投资者
成长期	适合趋势投资者,不适合价值型投资者
成熟期	适合收益型或价值型投资者
衰退期	可关注规模小的上市公司是否有被重组的可能性

行业生命周期在运用上有一定的局限性,因为生命周期曲线是经过抽象化的典型曲线,各行业按照实际销售量绘制出来的曲线远不是这样光滑规则,因此,有时要确定行业发展处于哪一阶段是困难的,认识不当,容易导致战略上的失误。而影响销售量变化的因素很多,关系复杂,整个经济中的周期性变化与某个行业的演变也不易区分开来。再者,有些行业的演变是由集中到分散,有的行业由分散到集中,无法用一个战略模式与之对应。因此,应将行业生命周期分析法与其他方法结合使用,才不至于陷入分析的片面性。

> **拓展阅读**
>
> **2022年内卷度为100%的行业——基于2022年上半年的数据**
>
> 近年来,"内卷"成了常用词。当一个行业或者一个群体的发展受到限制,生存状态不佳,竞争愈发激烈,就形成了内卷局面。
>
> 如果某行业中亏损公司占比很高,就说明该行业的发展遇到了困难。如果行业中很大比例的公司难以盈利,就可以认为这个行业非常"内卷"。而且,亏损公司的占比越大,行业就越卷。
>
> 上市公司是各行业优秀企业的代表。所以,可以用某行业上市公司中亏损企业的占比作为一个指标,来衡量该行业的"内卷程度"。
>
> 定义一个行业的"内卷度"如下:
>
> "内卷度"=亏损的上市公司数量/行业上市公司总数
>
> 景区行业有16家样本公司。2022年上半年16家公司营业利润全部为负,即全军覆没,"内卷度"为100%。而2021年上半年,这16家公司中仅有7家营业利润为负,"内卷度"为43.8%。与2021年同期相比,该行业的"内卷度"显著上升。
>
> 一个行业的上市公司全部亏损,这在历史上非常罕见。
>
> 2022年上半年,16家公司营业利润合计为-19.7亿元,而2021年同期,此数值为4.8亿元,同比下降了510%。2022年上半年,16家公司营业收入合计为47.3亿元,而2021年同期,此数值为84.9亿元,同比下降了44.3%。
>
> 行业供给端受到疫情的影响,不得不阶段性闭园、限流。而行业需求端同样受到疫情的影响。根据国内旅游抽样调查统计结果,2022年上半年,国内旅游总人次14.55亿,比上年同期下降22.2%。

巩固与练习

1. 打开同花顺APP,选择三个你感兴趣的行业,结合本任务所学知识,进行初步的行业生命周期分析,把相关信息填在表4-2中。

表4-2 行业生命周期分析

行业名称	行业代码	行业龙头	本行业上市公司家数	行业所处生命周期

2. 根据医疗设备行业板块行情走势(见图4-4),发现医疗设备软件自2020年1月之后有一波上涨行情,结合行业生命周期理论和外部环境对造成此现象的原因进行分析。

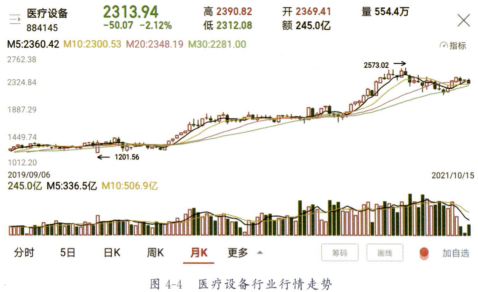

图 4-4　医疗设备行业行情走势

3. 收集教育板块有关政策信息,结合该板块的行情走势(见图4-5),试用行业生命周期理论对行情走势进行分析解释。

图 4-5　教育行业行情走势

_____
_____
_____
_____

任务二　行业的市场结构分析

任务描述

市场结构就是一个反映市场竞争和垄断关系的概念。市场结构是决定市场的价格形成方式，从而决定产业组织的竞争性质的基本因素，投资者应关注行业市场结构分析。

任务要求

能够区分行业市场结构，掌握四种市场类型的特点，能判断行业的市场结构类型，能够分析影响行业兴衰的因素。

任务实现

一、行业结构

行业的市场结构随该行业中公司的数量、产品的性质、价格的制定和其他一些因素的变化而变化。行业可分为四种市场结构类型——完全竞争、垄断竞争、寡头垄断、完全垄断，每种市场类型的特点如表4-3所示。

表4-3　市场类型分布特点表

比较项目	完全竞争	垄断竞争	寡头垄断	完全垄断
厂商数量	很多	较多	几个	一个
产品差异程度	无差别	实际或观念上的差别	有或没有差别	唯一产品、无替代品
个别厂商控制价格的程度	没有	有一些	相当大	很大，但受政府管制
厂商进入行业的难易程度	很容易	较容易	很不容易	不可能
具有投资价值的关键点	成本控制	成本、技术、质量	规模经济与政府政策	政府支持
典型行业	农业	服装业、零售业	钢铁业、汽车制造业	公用事业

(一)完全竞争市场

完全竞争市场是指许多企业生产同种产品或提供相同服务的市场情形,是一种竞争不受任何阻碍和干扰的市场结构。该市场结构得以形成的根本因素在于企业产品的无差异,所有企业都无法控制产品的市场价格。在现实中,完全竞争的市场类型很少存在,一些初级产品(如农产品、矿产品)的市场类型比较接近完全竞争市场的情况。

(二)垄断竞争市场

垄断竞争市场是指许多生产者生产同种但不同质产品的市场情形,是一种既有垄断又有竞争的市场结构。在国民经济各行业中,大多数产成品的市场类型都属于垄断竞争市场这种类型。股市上面临这种市场结构的上市公司也很多,行业内部的竞争也最为激烈。因此,对影响行业发展的各种因素的分析以及行业内部各上市公司地位的变化,是投资者需要关注的重点。

(三)寡头垄断市场

寡头垄断市场是指相对少量的生产者在某种产品的生产中占据很大市场份额,从而控制了这个行业的供给的市场结构。寡头垄断市场在现实中是普遍存在的,资本密集型、技术密集型行业,如汽车行业,以及少数储量集中的矿产品,如石油等产品的市场多属这种类型。生产所需的巨额投资、复杂的技术或产品储量的分布成为限制新公司进入寡头垄断行业的主要障碍。在这样的市场中,少数几个大公司把持整个市场,它们相互之间的抗衡是相对稳定的。丰厚的利润和稳定的市场份额使得这样的上市公司往往成为蓝筹股。但是"不进则退"的道理,提醒投资者面对这一类的上市公司,要十分关注公司的资金链的安全,以及由新产品或服务的不断创新所提供的后续发展动力。

(四)完全垄断市场

完全垄断市场是指独家企业生产某种特质产品的情形,即整个行业的市场完全处于一家企业所控制的市场结构。完全垄断可分为两种类型:①政府完全垄断,通常在公用事业中居多,如国营铁路、自来水等部门;②私人完全垄断,如政府授予的特许专营,或根据专利生产的独家经营,以及由于极其强有力的竞争实力而形成的私人垄断经营。

这种市场中的上市公司由于享受了某种特权,市场地位比较稳固,投资风险相对较小。影响其股价变动的主要因素更多地集中在有关其特权的相关政策的变动、产品的资源优势的增减以及市场需求的变化等方面。

二、影响行业兴衰的因素

以上对行业的生命周期和经济结构的分析只是对行业总体情况的描述,实际上行业的发展还受到多种因素的影响,如社会需求、技术进步和政府政策等。总体而言,主要有以下几个方面。

(一)社会需求

人类社会的需求是行业诞生和发展的最基本、最重要的条件,也是行业经济活动的原动力;新行业的形成过程是对社会潜在需求的发现和满足;潜在需求达到相当规模,新行业的形成才有可能;需求的性质决定行业的性质;需求的总量决定行业成熟后的规模,需求的稳定和饱和度推动行业的生命周期的进程。

(二)技术进步

技术进步对行业的影响是巨大的,如数码相机的普及使柯达、乐凯衰败,而智能手机性能不断提升又让数码相机行业陷入绝地。因此,投资者必须不断考察一个行业的前景,分析其被优良产品或其他消费需求替代的风险。

"十四五"时期是我国新兴产业发展的关键时期,越来越多的高新技术将进入大规模产业化、商业化应用阶段。我国将围绕产业链部署创新链,围绕创新链打造产业链,加快打造5G、集成电路、工业互联网、人工智能、大数据、云计算、超高清视频、高端装备、新能源与智能网联汽车、新材料、生物医药及高端医疗装备等新兴产业链,围绕量子信息、类脑智能等有望产生颠覆性创新的产业,主动谋划、前瞻部署一批未来产业,构建未来竞争的新优势。

(三)政府政策

政府对行业的促进作用可通过补贴、税收优惠、提高限制外国竞争的关税、制定保护某一行业的附加法规等措施来实现,这些措施有利于降低某一行业的成本,并刺激和扩大其投资规模。同时,考虑到生态、安全、企业规模和价格等因素,政府会对某些行业采取限制性规定。例如,2021年秋季学期开始实施的"双减"政策对学科培训机构性质、办学许可证、教师资格证、培训时间、培训价格、融资方式等方面进行了严格的限制和规范,对教育培训行业产生了深远的影响,整个行业亟待转型。

(四)相关行业的变动

某一行业的相关行业主要是指上游行业、下游行业、替代品行业、互补品行业。这些行业的变动都会对该行业产生正面或负面的影响。例如,因二者的消费人群高度贴合,近年来网络外卖的兴起对方便面形成了直接的冲击,中国方便面产业从2016年起已连续五年下滑。

(五)社会观念、习惯

社会观念、习惯的变化对行业的经营活动、生产成本和收益都会产生影响,促使一些不再适应社会需要的行业衰退,同时激发一批新兴行业的发展。随着人们生活水平和受教育程度的提高,消费心理、消费习惯、文明程度和社会责任感逐渐改变,从而引起对某些商品的需求变化并进一步影响行业兴衰。例如,近年来,随着民族自信的增强,根植于中国消费者内心的"洋品牌崇拜"开始逐渐褪去。消费者更加理性,愿意为好的品质和服务买单,本土审美苏醒,这正是国货品牌的大好时机。

(六)经济全球化

经济全球化是指借助商品、技术、信息、服务、资金、人员等生产要素的跨国、跨地区的流动,将全世界连接成为一个统一的大市场,各国在这一大市场中发挥自己的优势,从而实现资源在全世界范围内的优化配置。

经济全球化使每个行业和公司都置身于全球性竞争中,同时也使各个行业、公司有机会获得全球性的市场和资源。分析经济全球化对行业的影响,关键是看经济全球化是否有利于这一行业整合全球性的资源,是否有利于这一行业面向全球性的市场满足全球性的需求。

> **拓展阅读**
>
> **行业对经济周期的敏感性分析**
>
> 　　各行业变动时，往往呈现出明显的、可测的增长或衰退的格局。这些变动与国民经济的周期变动是有关系的，但关系密切程度并不一样。按对经济周期的敏感性分类，行业的特点比较见表4-4。
>
> 表4-4　行业对经济周期的敏感性分析
>
> | 行业分类 | 与经济周期的关系 | 产生原因 | 典型行业 |
> |---|---|---|---|
> | 增长型行业 | 与经济周期无关 | 依靠技术进步、新产品推出、更优质的服务 | 计算机、复印机 |
> | 周期型行业 | 直接与经济周期相关 | 需求收入弹性较高 | 消费品、耐用品制造 |
> | 防御型行业 | 不受经济周期处于衰退阶段的影响 | 产品需求相对稳定 | 食品业、公用事业 |

巩固与练习

1.打开同花顺APP，查询当日涨幅前五的行业，结合行业市场结构理论，分析这些行业的市场结构类型，将分析结论填在表4-5中。

表4-5　行业市场结构分析

行业名称	行业市场结构类型	理由

2.打开同花顺APP，查询当日涨幅最差的五个行业，结合行业对经济周期的敏感性，分析这些行业的类型，将分析结论填在表4-6中。

表 4-6 行业类型分析

行业名称	行业的类型	理由

3. 利用同花顺 APP 查询到证券行业综合指数,如图 4-6 所示,查询行业研报,结合行业兴衰影响因素,分析该行业的投资价值。

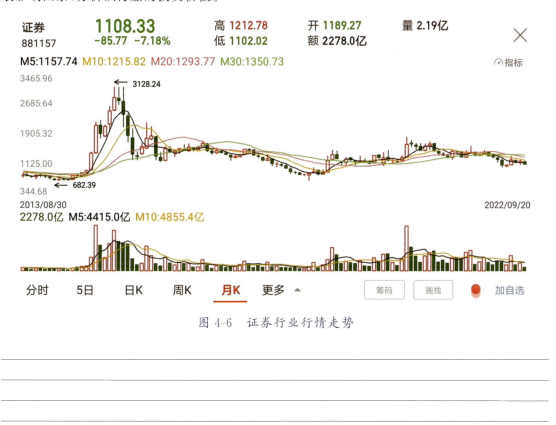

图 4-6 证券行业行情走势

任务三 证券投资的行业选择

任务描述

都说"三百六十行,行行出状元",但也担心"男怕入错行,女怕嫁错郎"。正如交易所挂牌交易的几千只股票来自各行各业,到底选择哪个行业的股票来投资,道理是一样的。本任务我们就一起学习行业投资选择的原则和方法。

任务要求

掌握行业投资选择应遵循的一般原则,把握投资行业的选择策略。

任务实现

一、行业投资应遵循的一般原则

根据以上所述,对行业投资的选择应遵循以下原则。

(一)顺应趋势,选择增长型行业进行长期投资

一般来说,投资者应选择增长型的行业。增长型行业的特点是增长速度快于整个国民经济的增长率,投资者可享受快速增长带来的较高股价和股息。投资者也不应排斥增长速度与国民经济同步的行业,这些行业一般发展比较稳定,投资回报虽不及增长型行业,但投资风险相应也较小。

如果投资者要选择受经济周期影响大的行业,就要考虑经济周期的循环阶段,应避免在经济衰退阶段投资于这些行业。但在经济复苏阶段,这些行业也开始回升和增长,它们的股息可能不断提高,股价逐渐上涨,具有增长型行业的特征,投资者同样可以获得投资增长的回报。

(二)在经济周期的不同阶段,选择不同行业进行投资

在经济周期繁荣阶段,可选择收入弹性高的周期型行业进行投资,如建材、高档消费品、旅游业等;在经济周期危机和萧条阶段,可选择收入弹性较低的防守型行业进行投资,如大消费行业中的食品、调味品、医药医疗等子行业。

(三)正确理解国家的行业政策,把握投资机会

国家对某一行业的扶持或限制,往往意味着这一行业会有更大的发展空间,或者被封杀发展空间,因而国家的行业政策具有导向作用,在把握行业结构演进趋势的基础上正确理解国家的行业政策,能更好地实现投资收益。

二、行业增长比较分析

一般来说,投资者应选择一个在增长循环中处于成长阶段和稳定阶段的行业。可是,如何在众多的行业中发现这类行业?通常可以用两种方法来衡量:一是将行业的增长情况与国民经济的增长进行比较,从中发现增长速度快于总体经济水平的行业;二是利用行业历年的销售额、盈利额等历史资料分析过去的增长情况,并预测行业的未来发展趋势。

分析某行业是否属于增长型行业,可利用该行业的历年统计资料与国民经济综合指标进行对比。具体做法是取得某行业历年的销售额或营业收入的可靠数据并计算出年变动率,与国民生产总值增长率、国内生产总值增长率进行比较。

通过比较,可以做出以下判断。其一,确定该行业是否属于周期型行业。如果国民生产总值或国内生产总值连续几年逐年上升,说明国民经济正处于繁荣阶段;反之,则说明国民经济正处于衰退阶段。观察同一时期该行业销售额是否与国民经济综合指标同向变化,如果在国民经济繁荣阶段行业的销售额也逐年同步增长,或是在国民经济处于衰退阶段时,行业的销售额也

同步下降,说明这一行业很可能是周期型行业。其二,比较该行业的年增长率与国民生产总值、国内生产总值的年增长率。如果在大多数年份中该行业的年增长率都高于国民经济综合指标的年增长率,说明这一行业是增长型行业;如果行业的年增长率与国民经济综合指标的年增长率持平甚至相对较低,则说明这一行业与国民经济增长保持同步或是增长过缓。其三,计算各观察年份该行业销售额在国民经济综合指标中所占比重。如果这一比重逐年上升,说明该行业增长比国民经济平均水平快;反之,则较慢。

通过以上分析,基本上可以发现和判断增长型行业,但要注意,观察数不可过少,观察数过少可能会引起判断失误。

三、行业未来增长率的预测

利用行业历年销售额与国民生产总值、国内生产总值的周期资料进行对比,只是说明过去的情况,投资者还需要了解和分析行业未来的增长变化,因此还需要对行业未来的发展趋势做出预测。

总之,通过行业分析,投资者可以选择处于扩展或稳定阶段、竞争实力雄厚、有较大发展潜力的行业作为投资对象。

 拓展阅读

板块轮动的八大规律

板块轮动是指板块与板块之间出现轮动上涨,从而推动大盘逐步上扬。比如,在股票市场上,前一段时间科技板块的拉升,推动大盘上涨,科技板块出现回调,银行板块却出现拉升的情况,继续推动大盘上涨。

一般来说,板块轮动存在以下几个规律:

(1)板块的轮动都会按照最新的国家和行业发展情况、新的社会现象、新的国家政策、板块新题材,以及主力对市场和政策等预测上涨或下跌,不会出现排队轮动的现象。

(2)不同时间启动的板块,其持续能力不一。

(3)板块轮动的传导现象,会带动相关板块的上涨。

(4)当各板块轮番活跃过后,会有一次再度轮回的过程,但是此时的持续力度和时间都会减弱,轮动的速度也会加快。

(5)在板块轮动的后期,轮动将加大投资者的操作难度,影响资金的参与热情,对大盘的反弹形成负面效应。

(6)行情启动初期,确定热点板块有一种简单方法,就是热点板块先于大盘见底,拉动大盘见底上涨。

(7)当行情处于涨升阶段,市场的热点会比较集中,增量资金也多汇集在几个重点板块,从而带动市场人气,吸引更多资金,推动行情进一步发展。

(8)行情涨升阶段捕捉龙头板块,可以通过盘面和成交量捕捉热点板块。一般来说在大盘涨幅榜前列,出现某一板块有三只以上股票或者当天三只以上股票底部放量上攻,可能成为热点板块。

通常在"牛市"行情中板块轮动性较强,如果是下跌或者调整行情,板块有可能没有轮动性或者轮动性较弱。投资者如果能把握市场的板块轮动,那么证券投资的成功率就会提高。但是在交易时,也需要结合其他市场指标和市场环境以及个股情况进行参考。

巩固与练习

1. 请结合本项目所学知识,分析农业服务行业的增长趋势(见图4-7)。

图4-7 农业服务行业行情走势

2. 通过查询行业的基本情况、市场容量、销售增长和利润增长的预测,寻找一个有发展前景的行业,并说明理由。

3.收集当前政策热点,寻找当前市场的投资热点,分析板块轮动情况。

项目五
证券投资的公司分析

ZHENGQUAN TOUZI SHIWU

本项目介绍基本分析中的重要内容——公司分析。公司分析是确定最终具体的投资对象的必要环节,主要内容包括公司基本素质分析和财务分析。对本项目的学习,能够帮助投资者掌握上市公司分析的基本方法和技巧。

学习目标

1. 掌握上市公司的行业地位分析方法;
2. 掌握公司经营管理能力分析的方法,并据此对证券投资做出初步判断;
3. 掌握上市公司财务分析的基本方法,能对上市公司财务情况进行简单分析,并能据此对公司投资价值做出基本判断。

职业素养点拨

进入F10学院

股票涨跌的本质,是资金流向和供需关系的体现。正确进行投资决策的关键是学会用数据说话,通过数据提升我们博弈的赢面。那么数据从哪里来?同花顺F10有着非常丰富的数据资源,是公司基本面资料的集合。当我们学会使用同花顺F10,掌握数据分析的方法和技巧,就可以通过数据来提升我们成功的概率,让投资变得简单、高效。

任务一 公司基本素质分析

任务描述

我们投资股票其实是投资一家公司,无论是做长线交易,还是短线交易,都应该先了解公司的基本信息。假如你有机会参加一次公司调研,你会通过哪些因素去判断这家公司的优劣?带着这个问题我们进入下面的学习。

任务要求

掌握上市公司基本情况的分析方法。

任务实现

一、了解公司的基本信息

公司基本素质分析主要针对上市公司的基本资料,综合考察公司的内部条件和外部环境,分析上市公司自身的优势和劣势、面临的挑战和机遇、发展前景等。投资者利用所收集的资料对上市公司进行基本素质分析时,应有所侧重,对公司的经济区位、行业地位、经营管理能力应着重进行分析。

通过同花顺APP,选择一只股票,进入分时页面,往下滑动,即可看到简况F10。简况F10包括操盘必读、大事提醒、公司概况、股本股东等信息,如图5-1所示。点击"公司概况"图标,即可看到公司基本资料,如图 5-2 所示。

图 5-1 简况 F10 界面

图 5-2 公司概况界面

实例中的宁德时代所属行业为电池;所属地域为福建省;投资亮点是全球领先的动力电池企业。截至 2022 年 6 月 30 日,宁德时代的控股股东是宁波梅山保税港区瑞庭投资有限公司,持股比例为 23.33%;实际控制人为曾毓群;经营性质是私营;员工人数为 83601 人,人均薪酬为 14.42 万元(含社保)。下滑界面,可以查询到宁德时代更多信息,如上市日期、发行价及上市以来涨幅、最赚钱业务、经营范围等。

点击"股本股东"图标,即可查询股东情况、股本结构和机构持仓情况,具体可查询到 2022 年 9 月 26 日,宁德时代有 187.9 万股解禁(见图 5-3),解禁即解除禁止交易的限制,因此解禁总体而言是一个利空消息,预计届时股价有下跌压力。2022 年 7 月 4 日,前十大股东中,以机构为主,机构合计持有 13.76 亿股,占流通股比例为 67.49%,该股是机构重仓股票(见图 5-4)。

通过简况 F10 功能不仅可以搜寻到上市公司基本信息,还可以查询到上市公司高管信息以及参股控股的公司企业等信息。

二、公司的经济区位分析

经济区位,是指地理范畴上的经济增长点及其辐射范围。据统计,上市公司的投资价值与区位经济的发展密切相关。如近年来兴起的粤港澳大湾区指的是由广州、佛山、肇庆、深圳、东莞、惠州、珠海、中山、江门 9 市和香港、澳门两个特别行政区形成的城市群,拥有世界上最大的海港群和空港群,经济总量超过 1.4 万亿美元,对外贸易总额超过 1.8 万亿美元,是国家建设世界级城市群和参与全球竞争的重要空间载体,是世界第四大湾区。据悉,在 2021 年度的上市公司市值 500 强名单中,一共有 111 家来自粤港澳大湾区的企业上榜,总市值约 21.45 万亿元,企业数量和市值的占比都在1/4左右,这充分体现了大湾区上市公司的高质量发展。

图 5-3　解禁时间表　　　　　图 5-4　十大股东

三、公司行业地位分析

公司行业地位是指公司在行业中所处的竞争地位,如是否为领导企业、在价格上是否具有影响力、是否有竞争优势等。公司的行业地位越高,对价格的控制力越强,越能获得超额利润,也就越具有投资价值。衡量公司行业竞争地位的主要指标是行业综合排名和产品的市场占有率。

通过简况F10功能,点击"财务分析",下滑界面,即可见行业对比(见图5-5),可以查看行业中的公司总市值、营业总收入、归母净利润等指标的排名情况。点击下方"10年回顾·纵览行业变化",可查询历年全行业完整的总市值、营业总收入、归母净利润排名情况(见图5-6)。

图 5-5　行业对比界面　　　　　图 5-6　10年回顾界面

四、公司经营管理能力分析

(一)上市公司主营业务状况

任何公司都有其特定的经营范围,公司在这一范围内通过组合生产经营要素来实现自己的赢利。上市公司也一定要有鲜明的主营业务才能在激烈的市场竞争中取胜。如果公司没有进行过根本性的产业转移和多种经营,主营业务状况在相当程度上决定着公司经营状况、盈利能力,进而决定着投资者的投资回报。

1.公司的经营方式

经营方式分析主要考察公司是单一经营还是多元化经营。多元化经营的优点是风险相对分散,但容易导致公司经营管理缺乏针对性,造成主营业务不精,影响公司盈利增长。单一经营的缺点是风险相对集中,但如果其产品占有很大的市场份额,公司盈利也会很丰厚。宁德时代是国内率先具备国际竞争力的动力电池制造商之一,专注于新能源汽车动力电池系统、储能系统的研发、生产和销售。

2.主营业务的盈利能力和主营业务占比

主营业务的盈利能力通常用主营业务利润率来表示。该指标越高,说明企业产品或商品定价科学,产品附加值高,营销策略得当,主营业务市场竞争力强,发展潜力大,获利水平高。主营业务占比可以衡量公司净利润的可信度和公司可持续发展能力的强弱。一般而言,一个优秀的企业,主营业务占比要达到70%以上。2022年上半年,宁德时代主营业务利润率约为14.72%,主营业务占比达到73.66%,主营业务盈利能力较强。

3.主营业务规模的扩张情况

衡量一家上市公司主营业务规模的扩张情况,一方面要看该公司主营业务收入的增长情况;另一方面要看公司的主营业务利润的增长和主营业务收入的增长是否相适应。一个发展势头良好的企业,其主营业务的发展总是伴随着利润的相应增长。2022年上半年,宁德时代主营业务同比增长了163.02%,发展势头强劲。

(二)上市公司人才素质状况

企业竞争的本质是人才的竞争。企业人才素质从根本上决定着企业的生存与竞争实力。投资者对上市公司人才素质进行分析首先要考察公司管理层的素质,其次要看员工竞争力。

1.公司管理层的素质

公司管理层的素质状况在企业发展中起决定性作用,直接关系到公司的业绩表现。一般而言,公司管理层应该具备以下良好素质:一是积极从事管理工作的意愿;二是较高的专业技术能力;三是良好的道德品质修养;四是较强的人际关系协调能力。

在简况F10下,点击"公司概况"图标,向下滑动界面,可查看高管资料,如图5-7所示,点击高管名字,即可查询人物详情,如图5-8所示。

具体可查到宁德时代的董事长即实际控制人曾毓群,2022年54岁,中科院物理研究所博士,从业经验丰富,2021年薪酬为477.5万元,分红1.367亿元。

　　图5-7　高管资料界面

　　图5-8　人物详情界面

2.公司员工竞争力

上市公司员工是公司经营的主体,员工的文化和业务素质对公司发展起着至关重要的作用。员工应该具有专业技术能力、对企业的忠诚度、责任感、团队合作精神和创新能力等素质。反映劳动力素质的指标主要有员工效益、员工学历结构、人均薪酬等。

在简况F10下,点击"公司概况"图标,向下滑动界面,可查看员工竞争力,其中员工效益包括人均净利润和人均薪酬两方面,近年来宁德时代人均净利润有下降趋势,人均薪酬比较稳定;员工的学历显示宁德时代员工均具有专科及以上学历,拥有193名博士、3135名硕士,作为一家高科技企业,宁德时代人才储备比较充足,人才结构较合理。

(三)公司产品开发、技术创新能力

当今社会,由于科技的不断进步,产品更新换代的速度越来越快,公司要想保持和巩固其市场地位,赢得竞争优势,就必须不断地开发新产品,否则迟早会被市场淘汰。投资者分析上市公司产品开发、技术创新能力可以从人力资源状况、研究机构的设置情况、研发投入等方面入手。

通过查询宁德时代2022年半年报,可知该公司在电池材料、电池系统、电池回收等全产业链领域拥有核心技术优势及前瞻性研发布局。截至2022年6月30日,该公司拥有研发人员12132名,公司及其子公司共拥有4645项境内专利及835项境外专利,正在申请的专利合计7444项。2022年上半年,该公司研发投入达57.7亿元,同比增长106.5%,具有很强的产品研发能力。

拓展阅读

跌落神坛的乐视网

乐视网成立于2004年11月,2010年8月在创业板上市。乐视网致力于打造基于视频产业、内容产业和智能终端的"平台＋内容＋终端＋应用"的完整生态系统。短短十余年,乐视网迅速成长为横跨七大行业、涉及上百家公司和附属实体的大型企业集团,市值一度由上市之初的30亿元猛涨到逾1700亿元。

2016年,高速扩张的乐视网不断爆出陷入资金困局的新闻。2017年4月14日,乐视网宣告进行重大资产重组停牌。2018年1月24日乐视网复牌,宣布重大资产重组失败,同时披露公司2017年亏损高达116亿元,公司股票连续下跌。

2020年6月3日,乐视网因经审计的归属于上市公司股东的净利润、扣除非经常性损益后的净利润、期末净资产均为负值,且财务会计报告被出具了保留意见的审计报告,而宣告进入退市整理期。2020年7月20日,是乐视网在A股的最后一个交易日,股价定格在0.18元,总市值为7.18亿元。

乐视网的故事告诉我们:从上市公司角度看,提高上市公司质量没有捷径,唯有踏踏实实做好主业方为正道。那些靠讲故事、炫理想、烧投资的公司,如果没有相应的业绩增长匹配,最后都将是一地鸡毛。从投资者角度看,由乐视网爆雷导致的亏损,虽然与乐视系影响因素有关,但投资者自身盲目追逐热点题材和高市盈率企业的策略也值得反省。

巩固与练习

利用同花顺APP,查询一家你感兴趣的上市公司简况F10,公司简称为_____,股票代码为_____,进行上市公司的基本素质综合分析。

1.公司行业对比分析:点击简况F10中的"财务分析",可以查询行业对比数据,该细分行业共有上市公司_____家,将相关信息填在表5-1中。

表5-1 行业对比

日期:

项　　目	数　　值	行业中值	行业排名
总市值			
营业总收入			
总营收同比增长			
归母净利润			
归母净利同比增长			
市盈率(TTM)			

2.将公司概况填在表 5-2 中,将前五大股东持股情况填在表 5-3 中,将近三年的股本变动情况填在表 5-4 中,将主营业务情况填在表 5-5 中。

表 5-2　公司概况

所属行业		所属地域	
董事长及持股情况		控股股东	
实际控制人		员工人数及人均薪酬	
上市日期		发行价及上市以来涨幅	
最赚钱业务		主营业务	
经营性质		投资亮点	
公司网址			

表 5-3　公司前五大股东持股情况

截止日期:

股东排名	股东名称	持股数/万股	占比	环比增减
第一大股东				
第二大股东				
第三大股东				
第四大股东				
第五大股东				

表 5-4　公司近三年股本变动情况

时间	股本数量/万股	变动原因

表 5-5　公司主营业务分析

时间：

业务名称	主营业务收入	占　　比	主营业务利润率/(%)

3.综合分析以上公司基本素质信息,初步判断该公司是否具有投资价值。

任务二　公司财务分析

任务描述

公司财务状况是分析股票投资价值的基础。投资者在决定投资某只公司股票之前,必须先研读该公司的财务报表。想一想如果给你几家上市公司的财务报表,你会从哪些方面对财务状况展开分析？从中你可以得到什么结论？

任务要求

了解公司财务数据查询的方法,通过分析公司财务信息,能够对公司投资价值做出基本判断。

任务实现

一、上市公司财务信息的来源

一家公司如果其股票上市交易,就必须真实、准确、完整、及时地向所有投资者公开披露信息。根据《上市公司信息披露管理办法》的规定,上市公司信息披露文件主要包括招股说明书、上市公告书、定期报告和临时报告等。这些报告虽然包括许多非财务信息,但大部分信息具有财务性质或与财务有关。在上市公司所有公开信息中,最为全面系统的财务资料是上市公司年报和半年报。打开同花顺 APP,在分时走势图界面,往下滑动,即可查询公司公告,如图 5-9 所示。

二、公司的主要财务报表

反映公司经营成果和财务状况的财务报表主要有资产负债表、利润表和现金流量表,三张报表三维立体地展现公司的财务状况,多角度地反映公司的资产质量和经营业绩。资产负债表反映企业报表日财务状况,利润表反映公司会计期间的盈利情况,现金流量表反映企业会计期间的经营、投资和筹资现金流情况。打开同花顺APP,在目标股票的分时走势图界面,点击"财务"图标,向下滑动,即可见财务报表,如图5-10所示,点击"更多"可以查询到该公司上市以来到最近的财务报表数据。

图 5-9　公司公告界面　　　图 5-10　财务报表界面

三、财务分析的方法

财务分析的意义在于帮助投资者正确客观地评价上市公司过去的经营业绩、衡量现在的财务状况、预测未来的发展趋势,从而发现具有投资价值的优质公司。

对投资者来说,财务分析的主要方法是比较分析法,具体又分为不同时期比较分析、单个年度的财务比率分析、与同行业其他公司之间的比较分析。

对本公司不同时期的财务数据进行比较分析,就是计算增长率,从一个较长的时期来动态地分析公司的持续经营能力、财务状况变动趋势、成长性等方面的状况。增长率有三种计算方法:一是同比增长率,表示本期与上年同期比较而达到的相对增长;二是环比增长分析,就是将财务变动数据与前期水平进行比较,表示在两个相邻时期增减变化的程度;三是定基增长分析,将报告年度的财务变动数据与某一固定时期的水平进行比较,表示在一定时期内总的增减变化程度。同花顺APP提供上市公司同比增长分析数据。

财务比率分析是指根据同一时期财务报表中两个或多个项目之间的关系,计算其比率,以评价企业的财务状况和经营成果。财务比率分析可以消除规模的影响,用来比较不同企业的收益与风险,从而帮助投资者做出理智的决策。但需要注意的是,单个比率通常不能全面地说明问题。对企业整体财务状况的系统把握,还需要结合更多的财务比率,借助更多的分析方法。同花顺APP提供上市公司众多的财务比率数据。

与同行业其他公司之间的财务指标比较分析,可以了解公司各项指标的优劣。常选用行业平均水平或行业标准水平作为比较基础。在同花顺 APP,打开目标公司股票的分时走势图,向下滑动,点击"财务"图标,再点击"视界"图标,进入财务透视界面,可以查询更多财务方面的同行对比资料。

四、公司财务分析

(一)盈利能力分析

盈利能力是指企业获取利润的能力,利润是投资者从公司获取投资收益的重要来源,也是企业经营与管理效益的集中体现。反映公司盈利能力的指标主要有销售毛利率、销售净利率、净资产收益率(ROE)、总资产报酬率等。

$$销售毛利率 = 销售毛利/销售收入 \times 100\%$$

这个比率用来衡量管理者根据产品成本进行产品定价的能力。

$$销售净利率 = 净利润/营业收入 \times 100\%$$

销售净利率反映了企业通过经营活动取得最终盈利的能力。一般来说,销售净利率越高,企业的产品或服务带来最终利润的能力越强。

打开同花顺 APP,在目标公司股票分时走势图界面,向下滑动,点击"财务"图标,即可见"我的指标",可查询盈利能力指标的可视化图表,销售毛利率如图5-11所示,销售净利率如图 5-12 所示。宁德时代 2022 年上半年,销售毛利率为 18.68%,同比降低了 31.48%;销售净利率为 8.56%,同比降低了 29.15%。电池原材料涨价,向下游传导不利,导致利润率下滑。

图 5-11　销售毛利率趋势图

图 5-12　销售净利率趋势图

净资产收益率＝归属于普通股股东的净利润/平均普通股股东权益×100%

净资产收益率是评价企业自有资本及其积累获取报酬水平的最具综合性与代表性的指标，反映企业资本运营的综合效益。净资产收益率越高，企业自有资本获取收益的能力越强，运营效益越好，对投资人权益的保证程度越高。

总资产报酬率＝息税前利润/总资产平均余额×100%

这个比率是对企业整体盈利能力的衡量，排除了企业的财务结构和税收等非经营因素的影响。将该比率和借款利率等反映企业资本成本的指标进行比较，有助于管理层做出更加科学的融资决策，也是投资者判断企业资本结构质量所考虑的一个重要指标。

如图 5-13 和图 5-14 所示，2022 年上半年宁德时代的净资产收益率为 9.11%，同比增加 35.16%，在行业排名 12 位；总资产报酬率为 2.87%，同比下降 8.6%，行业排名 50 位。

图 5-13　净资产收益率趋势图

图 5-14　总资产报酬率趋势图

(二)成长能力分析

企业成长能力分析是对企业扩展经营能力的分析。成长能力指标主要有营业总收入、营业总收入同比增长率、净利润、净利润同比增长率、扣非净利润、扣非净利润同比增长率。扣非净利润是指扣除非经常性损益后的净利润，这个数据能够更加准确地反映公司的经营现状。在同花顺 APP 打开上市公司财务报表，可以很方便地查询到以上指标，如图 5-15 所示。点击营业总收入旁边的趋势图标，可以查到主要指标的可视化图表，如图 5-16 所示。

可知该公司 2022 年上半年，营业总收入为 1129.71 亿元，同比增长 156.32%；净利润为 81.68 亿元，同比增长 82.17%；扣非净利润为 70.51 亿元，同比增长 79.95%。该公司动力电池使用量连续 5 年位列全球第一，2022 年上半年全球市占率达 34.8%，比上一年同期提升 6.2 个百分点。在需求推动下，宁德时代营收和利润维持了高增长。

(三)偿债能力分析

企业偿债能力是指企业偿还其债务的能力。偿债能力分析包括短期偿债能力分析和长期偿债能力分析，衡量指标主要包括流动比率、速动比率、现金比率、资产负债率、产权比率、长期债务与营运资金比率。

图 5-15　财务指标界面　　图 5-16　主要指标可视化界面

1. 短期偿债能力分析

短期偿债能力是企业用流动资产偿还流动负债的能力，反映企业偿付日常到期债务的实力。企业能否及时偿付到期的流动负债，是反映企业财务状况好坏的一个重要标志，主要指标有流动比率、速动比率和现金比率。

$$流动比率＝流动资产/流动负债$$

一般认为生产型企业合理的流动比率为 2。需要注意中国资本市场的上市公司，大量企业的流动比率并不高，却表现出了极强的竞争力。

$$速动比率＝（流动资产－存货）/流动负债$$

通常认为正常的速动比率为 1。在这种情况下，即便所有的流动负债要求同时偿还，也有足够的资产维持企业正常的生产经营。

$$现金比率＝现金类资产/流动负债$$

企业现金类资产包括货币资金、以公允价值计量且其变动计入当期损益的金融资产等能够立即用于还债的资产。现金比率比速动比率更稳健地反映了企业即时偿还流动负债的能力，是对短期偿债能力要求最高的指标。

通过查询财务报表和利用以上公式计算，可得 2022 年上半年，宁德时代流动比率为 1.243，速动比率为 0.934，现金比率为 63.28％，短期偿债能力一般。

2. 长期偿债能力分析

长期偿债能力是企业偿还长期债务的能力，主要指标有资产负债率、产权比率、现金负债总额比率。

$$资产负债率＝负债总额/资产总额×100\%$$

资产负债率表明企业全部资金来源中有多少来自举借债务。这个指标也是衡量企业财务风险的主要指标。

$$产权比率 = 负债总额/股东权益总额$$

一般来说，产权比率越低，表明企业长期偿债能力越强，债权人权益保障程度越高。

$$现金负债总额比率 = 经营活动现金净流量/负债总额$$

该指标反映企业用经营活动产生的现金净流量偿付全部债务的能力。现金负债总额比率越高，说明企业偿还负债总额的能力越强，负债经营能力越强，偿债能力越好。

利用同花顺 APP 财务功能，可知 2022 年上半年，宁德时代资产负债率为 68.89%，产权比率为 2.374，现金负债总额比率约为 0.056，体现出强制造业特点，长期偿债能力一般。

(四) 运营能力分析

公司运营能力分析主要分析公司对资产的管理是否有效，衡量指标主要包括存货周转率、应收账款周转率和总资产周转率等。

$$存货周转率 = 营业成本/存货平均余额$$

一般来说，一定时期内存货周转次数越多，说明存货周转越快，存货利用效果较好；存货周转期越短，说明存货周转越快，存货利用效果越好。

$$应收账款周转率 = 销售额/应收账款平均余额$$

应收账款周转率越高，平均收账期越短，应收账款的收回越快；否则公司的营运资金会过多地滞留在应收账款上，影响正常的资金周转。

$$总资产周转率 = 主营业务收入/总资产平均余额$$

这个指标反映了企业管理层在长期资产管理方面的策略、政策与管理水平。

2022 年上半年，宁德时代存货周转率为 1.588 次，应收账款周转率为 3.691 次，总资产周转率为 0.286 次。

(五) 估值对比分析

估值对比分析能够帮助投资者在热点板块中寻找到最佳的股票，获得最大收益。估值主要指标包括市盈率、市净率、市销率、市现率、股利支付率、股息率、派现融资比等。

市盈率在项目二中的任务三盘面识读中已经有所涉及，在此不再赘述。

$$市净率 = 每股股价/每股净资产$$

市净率越低的股票，其投资价值越高，上涨空间越大。

利用同花顺 APP，打开目标股票的简况 F10，点击"财务分析"，向下滑动，可见市盈率估值走势，同花顺显示的是市盈率(TTM)，如图 5-17 所示；点击"市净率"，可见市净率估值走势，同花顺显示的是市净率(MRQ)，即根据最近一季的财报数据计算的市净率，如图 5-18 所示。

$$市销率 = 每股股价/每股销售收入$$

市销率越低，说明该公司股票目前的投资价值越大。

$$市现率 = 每股股价/每股现金流量$$

市现率可用于评价股票的价格水平和风险水平。市现率越小，表明上市公司的每股现金增加额越多，经营压力越小。

同理，可以查询到市销率和市现率的估值走势。综合分析可知，2022 年 9 月 23 日宁德时代的市盈率(TTM)为 51.92，高于行业中值 34.17；市净率为 7.29，高于行业中值 4.44；市销率为 5.11，高于行业中值 3.31；市现率为 28.41，高于行业中值 22.46，目前估值偏高。

图 5-17　市盈率估值走势　　　　图 5-18　市净率估值走势

$$股利支付率 = 每股股利/每股收益 \times 100\%$$

股利支付率是上市公司向股东分派的股息占公司盈利的百分比。它反映公司的股利政策和股利支付能力,展现股东能从每股的全部净收益中取得的收益,因此对普通投资者而言,这一指标能直接体现当期利益。该比率越高,股东所获取的回报越多。

在简况 F10 界面,点击"分红融资",可查询公司的近年股利支付率,如图 5-19 所示。

图 5-19　股利支付率　　　　　　图 5-20　股息率

$$股息率 = 上一年所有财报的派现总额/总市值 \times 100\%$$

在投资实践中,股息率是衡量企业是否具有投资价值的重要标尺之一,也是挑选收益型股票的重要参考标准。如果连续多年年度股息率超过 1 年期银行存款利率,则表明该股票基本可以视为收益型股票。股息率越高越吸引人。

在简况F10的分红界面,可查询股息率水平,同花顺APP上的股息率,对比标准是余额宝七日年化收益率,并可查询除权除息日,如图5-20所示。

$$派现融资比 = 累计派现/累计融资 \times 100\%$$

派现融资比衡量公司来到股票市场后回报与索取的总体状况。通过这个指标可以筛选出对投资者友好的企业,供长线投资者选择。在分红融资界面,点击"融资",可查询分红融资情况,如图5-21所示。

图5-21 分红与融资情况　　图5-22 历年分红情况

如图5-22所示,从宁德时代历年分红方案来看,该公司A股上市以来累计派现29.5亿元,历来偏好现金分红。

2022年上半年,该公司归母净利润为81.68亿元,派现总额为5.93亿元,股利支付率为19.5%;2021年未分红,2022年上半年分红尚未实施,所以导致股息率为0,2022年9月28日,分红实施后股息率为18.53%。

A股累计融资为701.6亿元,派现融资比为4.2%。宁德时代目前处于高速成长期,预计公司在产能建设、研发投入以及供应链保障等方面将有重大投资计划,资金需求旺盛,所以分红并不慷慨。

 拓展阅读

巴菲特的选股标准是什么?

巴菲特的选股标准是以企业基本面为主,关注的是上市公司发展情况、财务报表、市场占有率等。巴菲特的选股标准总结如下:

(1)产品毛利率要超过40%;

(2)净利率要超过5%,相对于毛利率,净利率更加考验公司的管理水平、运营效率;

(3)净资产收益率要超过15%;

(4)公司的业务能够被自己理解,也就是在自己的能力圈内;
(5)公司所在的行业具备长期竞争力,行业生机勃勃;
(6)具备顶级的高管团队,价值观正直;
(7)给出的估值合理,太高的不能要。

如果投资者能够按照这7个维度去分析公司,相信一定能够做到内心有数,持股有定力!

巩固与练习

利用同花顺 APP 财务功能,对任务一巩固与练习中选定的公司进行财务分析。

1. 查询该公司近三年的主要会计数据和财务指标,将结果填在表 5-6 中。

表 5-6 主要会计数据和财务指标

财务指标	年 份		
营业总收入			
营业利润			
净利润			
净资产收益率			
每股经营现金流			
每股收益			
每股净资产			

2. 行业财务对比分析:利用同花顺财务功能,查询同行业 5 家公司的相关财务指标,并将结果填在表 5-7 中。

表 5-7 行业内公司的财务比较分析

日期:

公司简称	营业总收入	扣非净利润	销售毛利率	ROE	资产负债率

3. 盈利能力分析:利用同花顺财务功能,查询该公司近三年的相关财务指标,并将查询结果和分析结论填在表 5-8 中。

表 5-8 盈利能力分析

财务指标	年份		
销售毛利率			
销售净利率			
净资产收益率			
总资产报酬率			
分析结论			

4.成长能力分析：利用同花顺财务功能，查询该公司近三年的相关财务指标，并将查询结果和分析结论填在表 5-9 中。

表 5-9 成长能力分析

财务指标	年份		
营业总收入同比增长			
净利润同比增长			
扣非净利润同比增长			
分析结论			

5.偿债能力分析：利用同花顺财务功能，查询或计算该公司近三年的相关财务指标，并将查询或计算结果和分析结论填在表 5-10 中。

表 5-10 偿债能力分析

财务指标	年份		
流动比率			
速动比率			
现金比率			
资产负债率			
产权比率			
现金负债总额比率			
分析结论			

6.运营能力分析：利用同花顺财务功能，查询或计算该公司近三年的相关财务指标，并将查询或计算结果和分析结论填在表 5-11 中。

表 5-11　运营能力分析

财务指标	年　　份		
存货周转率			
应收账款周转率			
总资产周转率			
分析结论			

7.估值对比分析：利用同花顺简况 F10 下的财务分析和分红融资功能，查询该公司近三年的相关财务指标，并将查询结果和分析结论填在表 5-12 中。

表 5-12　估值对比分析

财务指标	年　　份		
市盈率			
市净率			
市销率			
市现率			
股利支付率			
股息率			
派现融资比			
分析结论			

8.综合财务分析：根据以上结论，综合分析该公司的投资价值。

项目六
K线分析

ZHENGQUAN TOUZI SHIWU

本项目主要介绍证券市场中最常见的一种技术分析方法——K线分析,帮助读者进一步了解投资分析。与我们前面三个项目介绍的基本分析截然不同,技术分析是以市场本身为重点,通过分析股票的价格趋势,帮助投资者解决股票买卖时机的问题。K线分析主要是通过单根K线及K线的组合推测出未来股价变动的趋势。

学习目标

1. 了解单根K线形态识别,掌握K线的基本种类及含义;
2. 了解K线组合分析方法;
3. 掌握K线分析方法的运用。

职业素养点拨

运用技术分析时应注意的问题

使用技术分析方法最大的忌讳是将技术分析的结论"神化"或"机械化",这是多数投资者容易犯的错误。接下来我们即将开始技术分析的学习。在此有必要强调运用技术分析时应注意的几个问题。

第一,技术分析必须与其他分析方法相结合。

仅靠过去和现在的数据、图表去预测未来是不可能完全可靠的。任何一种工具的使用都有其适用范围。必须将技术分析和其他方法相结合,提高准确度。

第二,切忌片面使用单一的技术分析方法。

技术分析方法包括K线法、切线法、形态法等,这些方法各有优势。片面孤立地使用一种分析方法会带来相当大的局限性和盲目性。不同技术分析方法在不同的场合会有不同的表现,用什么方法需要根据实际情况灵活确定。

第三,已经存在的结论要经过自己的实践验证后才能放心使用。

前人和他人总结的理论是在一定的条件和环境中得出的。随着环境的变化,将其他人成功的方法照搬到自己的交易实践中有可能产生不同的结果。此外,投资者的性格特点也会对投资结果产生一定影响。投资者从书本上获取一般原理和他人经验的同时,要通过不断实践进行验证,总结出适合自己的方法。

任务一 单根K线形态识别

任务描述

K线理论经过上百年的股票市场实践,应用效果良好,得到各国证券投资者的广泛使用。目前K线理论已经成为人们进行技术分析必不可少的工具之一。通过这一任务的学习,投资者能够掌握K线所代表的含义,运用K线提高投资胜率。

🔑 任务要求

了解 K 线图的含义及种类,识别单根 K 线形态,并能实战运用。

🔑 任务实现

一、初识 K 线

(一) K 线的来源

K 线又被称为蜡烛线,起源于 18 世纪日本的米市,被当时日本米市的商人用于记录米市的行情与价格波动。20 世纪 90 年代初期,被引入西方,与西方经典技术分析理论结合,然后在全球广泛使用,特别是在 A 股市场,个人投资者占大多数,K 线分析很受关注。

(二) K 线的意义

K 线可以记录历史行情,是迄今为止人类发明的表示股价走势最精练的表达形式;K 线为投资者提供了辨别多空双方力量大小的工具;K 线有利于投资者、政策制定者判断行情未来的涨跌,为其决策提供参考。

二、K 线的构成

(一) K 线组成的四个价格

K 线组成需要四个价格,即开盘价、收盘价、最高价、最低价,且它们属于同一个单位交易时间内。以日数据为例,开盘价是每个交易日的第一笔成交价,收盘价是每个交易日的最后一笔成交价,最高价是当日交易中的最高成交价,最低价是当日交易中的最低成交价。根据以上数据画出的线称为日 K 线。

同理,我们还可以画出周 K 线、月 K 线、年 K 线和分钟 K 线等不同周期 K 线。它们的画法与日 K 线完全相同,只是四个价格的时间参数不同。如周 K 线使用的是一个交易周内的首日开盘价、最后一日的收盘价及一周内的最高价和最低价。

打开同花顺 APP,进入上证指数分时走势图界面,左滑,可查看上证指数日 K 线走势图,如图 6-1 所示。点击"周 K",即可见上证指数周 K 线走势图,如图 6-2 所示。同理,可以查询月 K 线走势图、年 K 线走势图等。K 线可以在不同的时间周期随意切换,提高了投资者市场分析效率。

日 K 线图最常用;周 K 线、月 K 线反映趋势和周期比较清晰,适用于中长线分析;分钟 K 线则波动频繁,适用于短线和超短线分析。

由于 A 股市场短线投资者众多,一般投资者比较注重日 K 线的分析。但日 K 线容易被主力资金操作而出现骗线。而周 K 线反映的是中期行情,周期较长,庄家做骗线的难度非常大,所以周 K 线的准确性远高于日 K 线,投资者要善于使用周 K 线。

在日 K 线的四个价格中,收盘价是投资者最关心的价格,这是多空双方经过一天的争斗后最终达成的暂时平衡点,具有指明当前价格位置的重要功能。当人们提到证券价格时,往往指的也是收盘价。

(二) K 线的结构

K 线是一条柱状的线条,分别由上影线、下影线和中间实体组成,以此来记录股市的四个价

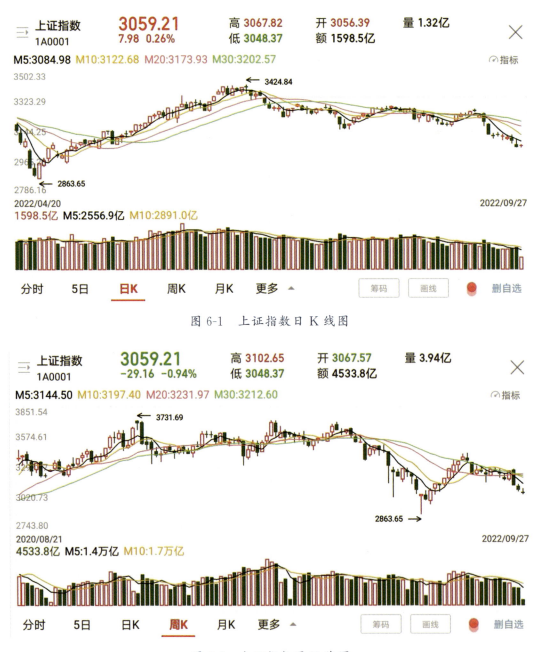

图 6-1　上证指数日 K 线图

图 6-2　上证指数周 K 线图

格。K 线的特点是使用阳线、阴线、上影线、下影线的概念。

(1) 阳线。如果收盘价高于开盘价则为阳线，K 线实体部分为一个空心(或红色)矩形。

(2) 阴线。如果收盘价低于开盘价则为阴线，K 线实体部分为一个实心(或绿色)矩形。阴线和阳线都是竖向形态。

(3) 上影线。如果在当日的交易中，发生过比实体高价还高的价格，即最高价，并在实体上面画一条垂直的短线，称为上影线。

(4) 下影线。如果当日交易中发生过比实体低价还低的价格，即最低价，并在实体下方画一条垂直的短线,称为下影线。

图 6-3 即为标准 K 线构成,其中左图为阳线,右图为阴线。

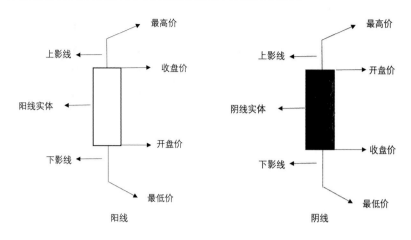

图 6-3 K 线结构

三、K 线分析要点

一根 K 线记录了证券在一个交易单位时间内的价格变动情况。将每个交易时间的 K 线按时间顺序排列组合,就能反映出该证券价格波动的历史轨迹,叫作 K 线图。

分析 K 线图,是根据市场的历史形势来判断证券价格的未来走势,而决定证券价格未来走势的根本因素是市场中多方与空方力量的对比。如果多方占优,价格将上涨;反之,空方占优,价格将下跌。在 K 线图中,阳线表示上升股市,阳线的长短表示升势的大小;阴线表示下跌股市,阴线的长短表示跌势的大小。以日线为例,投资者可以从三个方面来分析。

1. 看阳阴

通过看是阳线还是阴线可以反映当日多空双方在争夺中的优势地位及趋势方向。阳线代表了经过一天的多空争斗,最终多头占据优势,在没有其他因素干扰下价格仍将按照原有的方向和速度运行,因此上一日收出阳线则能保证下一日初期股价能惯性上涨;阴线则与之相反。

2. 看实体的大小

实体表示开盘价和收盘价的差价,因此实体的大小就代表内在动力。阳线实体越大,代表其内在上涨动力越大;而阴线实体越大,下跌动力越足。

3. 看影线的长短

向一个方向的影线越长,越不利于证券价格向这个方向变动。以上影线为例,上影线越长,越不利于证券价格上涨。原因是在经过一段时间的多空争斗之后,多头终于败下阵来。不论 K 线是阴还是阳,上影线部分已构成下一阶段的上涨阻力,证券价格向下调整的概率较大。同理,下影线越长,越不利于证券价格下跌,预示着证券价格向上攻击的概率较大。

四、单根 K 线的形态

(1)有上下影线的阳线和阴线。这是最为常见的 K 线形状,说明多空双方展开了拉锯战,都曾占据优势,把价格一度推到了最高价或压到了最低价,但是又被对方顽强拉回,如图 6-4 所示。到收盘时勉强获胜的若为多方,则收成阳线;若为空方,则收成阴线。

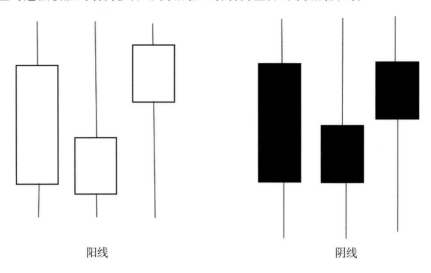

图 6-4 有上下影线的阳线和阴线

(2)光头阳线和光头阴线。当开盘价或收盘价正好等于最高价时,会出现这种 K 线,即只有实体和下影线,没有上影线,如图 6-5 所示。

(3)光脚阳线和光脚阴线。当开盘价或收盘价正好等于最低价时,会出现这种 K 线,即只有实体和上影线,没有下影线,如图 6-6 所示。

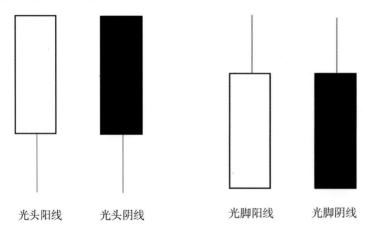

图 6-5 光头阳线和光头阴线　　图 6-6 光脚阳线和光脚阴线

(4)光头光脚阳线和光头光脚阴线。当开盘价和收盘价分别与最高价和最低价中的一个相等时,会出现这种 K 线,没有上下影线,如图 6-7 所示。

(5)十字星。当开盘价与收盘价相等时,出现没有实体但有上影线和下影线的 K 线。其中,十字星又分为几种类型,如图 6-8 所示。

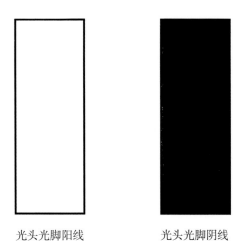

图 6-7 光头光脚阳线和光头光脚阴线

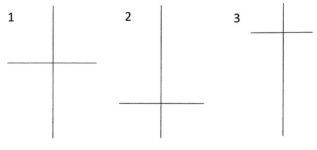

图 6-8 十字星

(6) T 形和倒 T 形。当收盘价、开盘价和最高价三价相等时,会出现 T 形 K 线;当收盘价、开盘价和最低价三价相等时,会出现倒 T 形 K 线。它们没有实体,也没有上影线或下影线,如图 6-9 所示。

(7) 一字线。一字线出现在开盘价、收盘价和最高价、最低价都相等的时候,通常表示证券价格封于涨停或跌停的位置。如果不是,则表明多空双方力量均衡,处于胶着状态,证券价格将会继续整理,但这种情形极少出现,如图 6-10 所示。

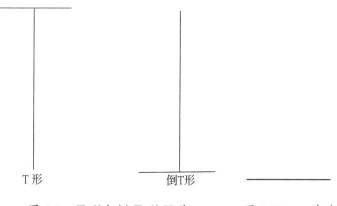

图 6-9　T 形和倒 T 形 K 线　　　图 6-10　一字线

五、单根 K 线的应用

K 线中的实体和影线的长短可以反映多空双方的力量对比。阳线实体越长,说明多方势力越强大,越有利于上涨,上影线和下影线则表示空方的打压或支持的力量;阴线则正好与之相反。

(一)光头阳线和光头阴线

(1)光头阳线是先跌后涨型,实体越长,表示多方力量越强;下影线越长则代表空方的潜在实力。光头阳线形成原因是开盘以后价格曾一度受到空方打压,跌至最低价后受到支撑又逐渐回升,最终以最高价收盘。

(2)光头阴线是上升抵抗型,实体越长,表示空方越强势;下影线越长则代表多方抵抗力量越强势。光头阴线形成原因是开盘多方力量强大,导致高开低走,但到达最低价时受到多方的抵抗,最终股价在收盘前回升。如果下跌趋势中出现下影线越长、实体越短的光头阴线,则可能出现股价反转的迹象。

(二)光脚阳线和光脚阴线

(1)光脚阳线是上升抵抗型,实体越长,表示多方越强势;上影线越长则代表空方打压力量越强大。光脚阳线形成原因是多方将股价逐渐推升,但由于空方打压势力强大,上升势头被抑制,最终以次高价收盘。如果股价上升过程中出现上影线很长的阳线,则可能是股价反转下跌的信号。

(2)光脚阴线是先跌后涨型,实体越长,空方力量越强;上影线越长则代表多方潜在实力。光脚阴线是由于开盘后多方曾将股价持续推高直到最高点,但空方力量强大,最终股价压至最低价收盘。

(三)光头光脚阳线和光头光脚阴线

(1)光头光脚阳线说明多方强势,实体越长,多方量越大。

(2)光头光脚阴线说明空方气势强盛,实体越长,空方力量越强。

(四)十字星

(1)上影线和下影线大致相等,说明多空双方的势力相当。

(2)上影线大于下影线,一般说明空家势力强于多家势力。

(3)下影线大于上影线,一般说明多家势力强于空家势力。

(五)T 形和倒 T 形

(1)T 形。开盘价与收盘价相同,只有下影线。说明在当天出现过最低价,随着多方势力增强,收盘时价格回升。

(2)倒 T 形。开盘价与收盘价相同,只有上影线,与 T 形正好相反,说明在当天出现过最高价,但收盘时价格逐渐回落至开盘价。

> **拓展阅读**
>
> **股票 K 线加均线怎么用？**
>
> K 线与均线理论在股票市场上是比较常用的技术指标分析，两者结合运用一般是指一阳穿三线、K 线受均线的支撑以及 K 线受均线的压制的运用。
>
> 一阳穿三线出现在股价经过长期的调整或者下跌之后，各均线走势开始缓和，逐渐靠拢，股价波幅收窄，突然一天伴随着成交量放大，收一根大阳线，向上穿过 5、10、30 日均线。出现这种情况说明经过长期的下跌之后，空方能量得到释放，多方开始集聚，成交量逐渐放量，行情即将反转，是一种买入的信号。
>
> K 线受均线的支撑是指 K 线在各均线的上方运行，呈多头排列，比如 K 线在 5、10、20、30 日均线上方运行。虽然其中股价有涨有跌，但是每次下跌触碰到均线之后，股价反弹向上，总体趋势向上没有改变，在支撑点位置投资者可以适量地进行加仓操作。
>
> K 线受到均线的压制是指 K 线在各均线的下方运行，比如在 5、10、20、30 日均线的下方运行。虽然其中有涨有跌，但每次股价上涨受到上方的均线压制，突破无果，继续下跌，股票总体趋势向下没有改变。这说明上方抛盘较多，短期内股价继续下跌，投资者应以观望为主。

巩固与练习

一、单根 K 线形态识别

1. 当日收盘价正好与当日最高价相等的 K 线名称是_____。
2. 当收盘价、开盘价和最高价三价相等时会出现_____ K 线。

二、实训操作

1. 利用同花顺 APP，掌握如何切换 K 线图，即如何切换日 K 线、周 K 线、月 K 线等。
2. 找出一只上海证券交易所上市的股票，查看其日 K 线、月 K 线、季 K 线和年 K 线，选取四个不同时间点将价格在表 6-1 中进行记录。

表 6-1　K 线价格记录

时间	股票简称	开盘价	最高价	最低价	收盘价	K 线类型

任务二　K 线组合分析

🔑 任务描述

在我们初步了解 K 线的含义以及各种形态以后,如何通过 K 线的不同组合,摸索出一定的规律,帮助投资者把握买卖时机呢？这正是本任务要学习的内容。

🔑 任务要求

了解 K 线的各种组合,运用 K 线组合来进行市场研判。

🔑 任务实现

一、K 线的组合

K 线图将多空双方一段时间以来的势力对比用图表表示出来,从中能够看到双方的力量增减、风向转变等。将多根 K 线组合起来就可以发现一定时期内股票价格运动的趋势。

由于 K 线组合的情况有很多种,要根据 K 线本身的特点和出现的位置综合考虑,基本方法是通过比较最后一根 K 线与前面 K 线的相对位置来判断多空双方力量的大小。

(一)上升三连阳和下降三连阴

在下跌持续一段时间后突然出现三根连续阳线,往往表现为大趋势由跌转涨,称为"上升三连阳";反之,在上涨行情持续一段时间后突然出现三根连续阴线,则表示大趋势可能由涨转跌,称为"下降三连阴"。

1. 上升三连阳

上升三连阳根据其上涨的速度,又分为持续型、减速型、加速型和缓升型四种,如图 6-11 示。

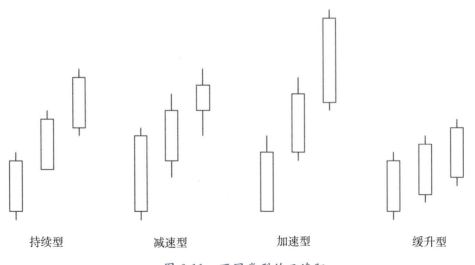

图 6-11　不同类型的三连阳

在持续型三连阳中,股价连续上涨,每次幅度大致相当,这种趋势可持续时间较长;在减速型中,股价连续上涨趋势递减;在加速型中股价上涨幅度越来越大;在缓升型三连阳中,股价一直以缓慢的速度上涨。

2.下降三连阴

下降三连阴也分为持续型、减速型、加速型和缓降型四种,图形则和三连阳正好相反,如图6-12 所示。

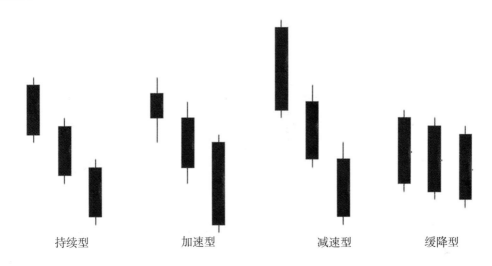

图 6-12　四种类型的三连阴

(二)早晨之星

早晨之星表示前途一片光明,代表证券价格可能见底回升,后市应看好。其典型的技术表现由三个交易日的 K 线组成:第一日,在下跌行情中,出现一根实体较长的阴线,空头能量得到进一步宣泄;第二日,开盘出现跳空下跌,K 线实体缩短,既可为阴线,又可为阳线,此根 K 线为早晨之星的主体部分,如果为阳或阴十字星则更佳;第三日,出现阳线,阳线实体能部分或全部吞食第一根阴线的实体,显示出多头已开始了初步反攻。早晨之星形态如图 6-13 所示。

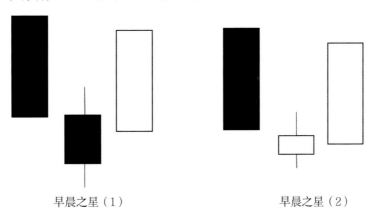

图 6-13　早晨之星形态

(三) 黄昏之星

与早晨之星相反,黄昏之星预示着证券价格将见顶回落,是卖出的有利时机。黄昏之星的典型技术表现也由三个交易日的K线组成:第一日,证券价格继续上升,出现一根实体较长的阳线;第二日,震荡缩小,K线既可为阳线又可为阴线,构成十字星,如果为阳或阴十字星则更佳,这种组合又可称为黄昏十字星;第三日,出现阴线,并且下跌吞食第一根阳线实体的一部分或全部,表明空方已开始向多方发起反击。黄昏之星形态如图6-14所示。

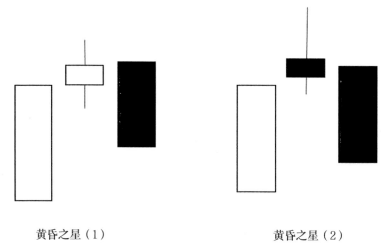

黄昏之星(1)　　　　　　　黄昏之星(2)

图6-14　黄昏之星形态

(四) 锤形线与倒锤形线

锤形线和倒锤形线都是出现在市场阶段性底部区域的一种K线形态,是见底回升的转向形态,具有触底反弹的信号。

1. 锤形图

锤形线的形态特征是下影线较长而实体部分较短,类似于"T",通常情况下其下影线长度至少应是实体部分长度的两倍。下影线越长,上影线及实体部分越短,锤头的威力也就越大,能起到单针探底的作用。锤形线对K线实体阴阳没有特别的要求,如为阳线,其转势的可能性往往要比阴线高。

锤形线往往要结合周围的K线形态和成交量来共同研判。如果锤形线的实体与前一根K线之间出现向下跳空缺口,则反转意味较浓;如果出现锤头时伴随底部放量,放量越明显,则转势信号越强,如图6-15(a)所示。

2. 倒锤形图

倒锤形线的形态特征是上影线较长,实体部分较小,类似于"⊥",表明在长期下跌过程中多头开始组织反攻,但没有马上成功,留下了长长的上影线,不过已显示出多头力量开始增强,多空双方争夺的区域在逐渐上移。倒锤形线对K线实体的阴阳也没有特别的要求,如为阳线,其转势的可能性往往要比阴线高。如果倒锤形线出现后,次日证券价格向上跳空或者收出一根阳线,其转势向上的信号就很强。其典型形态如图6-15(b)所示。

(五) 上吊线与射击之星

上吊线和射击之星都是出现在上升趋势末端的一种K线形态,是见顶回落的转向形态。

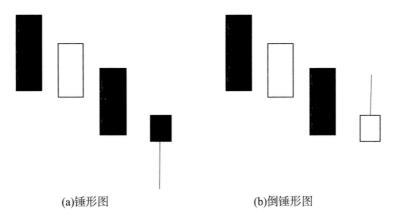

图 6-15　锤形图与倒锤形图

1. 上吊线

上吊线的形态特征是下影线较长而实体部分较小,近似于"T",通常情况下下影线长度至少应是实体部分长度的两倍。上吊线的 K 线实体可以是阴线,也可以是阳线。如果是阴线,表示收盘价已无力回升至开盘价位的水平,见顶回落的可能性往往比阳线高。上吊线与锤形线的形态相似,只不过上吊线在上升趋势的顶部出现,是见顶回落的信号;锤形线在下跌趋势的底部出现,预示着证券价格可能见底回升。对上吊线的分析也要结合周围的 K 线形态共同研判。在上吊线出现后,第二天证券价格跳空低开出现缺口,上吊线确认反转的意义极大,如图 6-16(a)所示。

2. 射击之星

射击之星的形态特征是上影线较长,实体部分较小,近似于"⊥"。射击之星的形态类似于倒锤形线,但射击之星的 K 线形态出现在顶部区域。长长的上影线表明空头的力量在逐渐增强,开始酝酿反击。如果射击之星出现后,次日证券价格向下跳空或者收出一根阴线,则其转势向下的信号就很强,如图 6-16(b)所示。

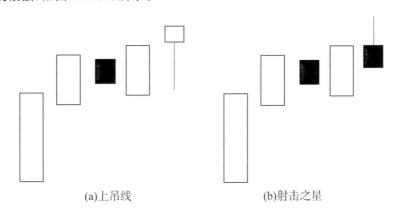

图 6-16　上吊线与射击之星

(六)乌云盖顶与曙光初现

1. 乌云盖顶

乌云盖顶是一种见顶回落的转向形态。其由一根阳线与一根阴线组成:第一根 K 线为强劲的阳线；第二根K线中，开盘价比前一日的最高价要高，但收盘价为当日波动的低点，而且深入第一根阳线的实体部分，如图6-17(a)所示。

2. 曙光初现

曙光初现正好相反，表明证券价格可能见底回升。第一根阴线表示证券价格仍然向下，第二根阳线向下跳空低开，其后出现强有力的上涨，在回补缺口之后，涨至前一根阴线的实体部分，如图6-17(b)所示。其技术特征与乌云盖顶基本上相同，但向相反方向变化。

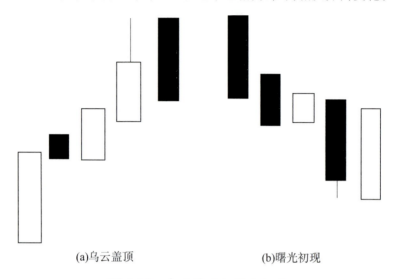

(a)乌云盖顶　　　　　　　　(b)曙光初现

图6-17　乌云盖顶与曙光初现

二、运用K线组合的注意事项

第一，无论是单根K线，还是两根或以上K线，都是对多空双方争斗做出的描述，因此这些组合分析得到的结论都是相对的，不是绝对的。对具体进行股票买卖的投资者而言，通过K线分析得出的结论仅仅是一个建议。在实际应用中，会发现不同类型的组合得到的结论都是不同的。因此，在分析时尽量使用根数多的K线组合结论，新增K线后要从整个K线图全面进行分析，这样得出的结论准确性更高一些。

第二，组合形态分析是基于过去经验总结的产物，在实际市场中，完全满足我们所介绍的K线组合形态并不多见，因此不能生搬硬套组合分析。

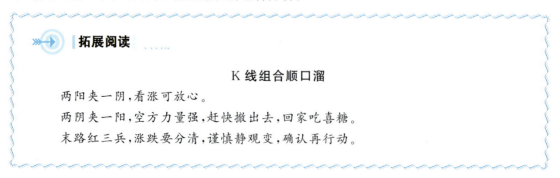

前进红三兵,主力要上攻,短线杀进去,稳定获利丰。
接连三个十字线,后市马上就变盘。
三只乌鸦呱呱叫,此刻不走就挨套。
末期下跌三连阴,随时进场捡黄金。
升势之中见三鸦,明明蓄势在待发。
早晨之星,开始冲锋,大胆介入,获利颇丰。
黄昏之星走到头,千万别做死多头。一不小心进门里,为庄抬轿把你留。

巩固与练习

一、K线组合识别

1. 图6-18为复星医药(600196)2022年2—5月K线走势图,请找出图中的K线组合,一一标出。

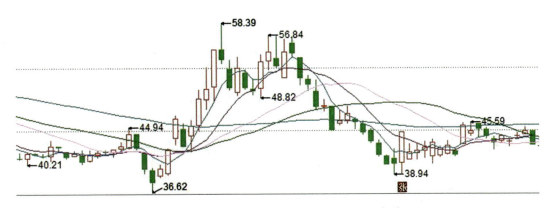

图6-18　复星医药2022年2—5月K线走势图

2. 利用同花顺APP,查询下列股票在指定日期的K线形态,将分析结论填在表6-2中。

表6-2　K线形态分析

股票简称	时　　间	K线形态	后期走势
科隆股份	2020年6月24、29、30日		
崇达技术	2020年7月13—15日		
模塑科技	2020年1月14、15日		
中潜股份	2020年4月2、3日		
洪都航空	2020年7月6、7、8日		
寒锐钴业	2020年7月14、15、16日		

二、实训操作

K线训练营引入游戏教学的思路,使学习者在轻松愉快的游戏体验中,掌握知识技能,进行K线实战的积极探索。

K线训练营采用模拟回测的训练方式,时间随机,股票随机,以最大可能模拟K线交易场景,提升学习者的盘感,目前具体包括4款小游戏,简单介绍如表6-3所示。

表6-3 K线训练营工具简介

K线训练营	单人练习模式	分时训练	模拟分时交易场景
		K线训练	模拟K线交易场景
	PK模式	K线对战	以随机匹配的方式进行K线训练对战
		挑战AlphaHua	与人工智能机器人进行K线训练对战

打开同花顺APP,在首页点击"更多",可见K线训练营入口,如图6-19所示,点击"添加",可将K线训练营置于首页。打开K线训练营,即可见游戏入口,如图6-20所示。每个小游戏,玩5次,查看训练记录,也可在全班组织排位赛,提高学生的学习兴趣。

图6-19 K线训练营入口

图6-20 K线训练营游戏入口

项目七
切线分析

ZHENGQUAN TOUZI SHIWU

本项目主要介绍证券市场另一种常用的技术分析方法——切线分析。切线分析是技术分析派指导实战的必备武器。切线分析是指按一定的方法和原则在股票价格运行轨迹图上画出直线，利用这些直线来判断股价未来的运行趋势。

学习目标

1. 理解切线理论的内涵；
2. 熟悉趋势线、支撑线和压力线、黄金分割线与百分比线的内涵；
3. 能够用画线工具绘制趋势线、支撑线和压力线、黄金分割线与百分比线；
4. 能够运用趋势线、支撑线和压力线、黄金分割线与百分比线判断股票行情。

职业素养点拨

股市中顺势而为的重要性

大家都知道，股价变动有一定的趋势。证券市场中，"顺势而为"而非"逆势而动"已成为投资者的基本共识。股市中的顺势而为指的是顺着趋势做，大趋势向上就做多，大趋势向下就做空，不与大趋势的方向相违背。方向很重要，跟对上涨的趋势，顺而为之，则容易赚钱；而违背了趋势，反向操作，则很容易亏钱。怎样在变化莫测的市场中判断和把握这些趋势就成为投资者关注的重点。

任务一　认识切线理论

任务描述

在股票价格上涨或下跌的趋势中，可能出现短暂的调整或盘旋。投资者如何识别短期的股价回调或反弹趋势，准确把握大势的长期走势或股价反转？切线理论为投资者们提供了一种识别大势变动方向的分析方法，通过这一任务的学习，读者能够了解切线理论的含义及种类，为正式开展切线分析打下理论基础！

任务要求

初步了解切线理论。

任务实现

一、切线理论

证券投资中"顺势而为，不逆势而动"的道理已成为投资者的共识，切线理论就是在这一背景下提出和发展起来的。切线理论诞生于20世纪70年代左右,该理论是由约翰·墨菲、威尔斯·王德和乔治·恩等人提出的。切线理论继承了道氏理论的三个基本信条,即市场行为包含一切信息、市场价格以趋势的方式进行演变以及历史必然会重演。

二、切线理论的主要内容

(一)切线理论的含义

切线,一般是指股价较为明显的高点与高点之间、低点与低点之间的直线,然后根据这些直线的情况推测股票价格的未来走势,这些直线就叫切线。根据切线进行的技术分析理论称之为切线理论。切线理论主要包括支撑线和压力线、趋势线和轨道线、黄金分割线和百分比线等内容。

(二)切线的作用

切线主要是起支撑和压力的作用,支撑线和压力线的往后延伸位置对价格趋势起一定的制约作用。

  拓展阅读

投资的逻辑——不亏钱比赚钱更重要

我们不妨从一个古老的故事说起。一个农夫进城去卖驴和山羊,山羊的脖子上系着一个小铃铛。三个小偷看见了,一个小偷说:"我去偷羊,叫农夫发现不了。"另一个小偷说:"我要从农夫手里把驴偷走。"第三个小偷说:"这都不难,我能把农夫身上的衣服全都给偷来。"第一个小偷悄悄地走近山羊,把铃铛解了下来,拴到了驴尾巴上,然后把羊牵走了。农夫在拐弯处环顾了一下,发现山羊不见了,就开始寻找。

这时第二个小偷走到农夫面前,问他在找什么,农夫说他丢了一只山羊。小偷说:"我见到你的山羊了,刚才有一个人牵着一只山羊向那片树林里走去了,你现在快点去追,还能抓到他。"农夫恳求小偷帮他牵着驴,自己去追那丢失的山羊。而这第二个小偷,就乘机把驴给牵走了。农夫从树林里回来一看,驴也不见了,就在路上一边走一边哭。

走着走着,他看见池塘边坐着一个人,也在哭,农夫就问他发生了什么事。那人说:"人家让我把一口袋金子送到城里去,可我实在是太累了,就在池塘边坐着休息,结果睡着了,睡梦中把那口袋金子给推到池塘里去了。"农夫问他为什么不下到池塘里把口袋捞上来。那人说:"我不会游泳,谁要把这一口袋金子捞上来,我就送他二十锭金子。"农夫大喜,心想:"正因为别人偷走了我的羊和驴子,上帝才赐给我财富。"于是,他脱下衣服,潜到水里,可是他无论如何也找不到那一口袋金子。当他从水里爬上来时,发现衣服不见了。原来就是第三个小偷把他的衣服偷走了。

农夫所犯下的错误分别是：大意、轻信和贪婪。这也是人生中的三大陷阱，在投资领域，它们总是在恰当的时候掌控着人性，而输的人没有一次不是掉进了这个陷阱。这世上，最艰难的事情，莫过于在各种一夜暴富的神话中保持一颗平常心。

美国纽约里萨兹财富管理公司的本·卡尔森在《投资者的心灵修炼》中明确表达了他的观点："在投资的问题上，知道如何不亏钱比知道如何赚钱更重要。这就是金融风险管理的重要性所在！"实际上，当你懂得不亏钱的时候，就已经跑赢 90% 的人了。

巩固与练习

1. 切线的含义是什么？

2. 切线有什么作用？

3. 切线理论的三个假设是什么？

任务二　趋势线分析

任务描述

投资者都希望在下降趋势转为上升趋势的时候买入股票，而又希望在上升趋势转为下降趋势的时候卖出股票。那么怎样才能区分是短期、中期还是长期趋势的转变呢？利用趋势线无疑是最为简单和有效的方法之一，"一条直线闯股市"正是对趋势线重要性和实用性的高度概括。

任务要求

了解趋势线的含义，掌握趋势线的种类及作用。

任务实现

一、趋势线分析的含义

技术分析的三大假设中第二条是价格变化是有趋势的,没有特别的影响因素,价格将沿着这个趋势继续运动。这就说明"趋势"这个概念在技术分析中占有很重要的地位。

简单来说,趋势就是股票市场一定时期的价格运行的基本方向,包括上升方向、水平方向和下降方向三种趋势,操作时需顺势而为。而趋势线是将波动运行价格的低点或高点之间连接起来的直线或曲线。

若确定了一段上升或下降的趋势,则股价的波动必然朝着这个方向运动。虽然在上升的行情里会有下跌,但对整个上升趋势没有太大的影响。

二、趋势线的分类

趋势线根据不同的方向分为上升趋势线、下降趋势线和水平趋势线。

1. 上升趋势线

如果图形中每个后面的峰和谷都高于前面的峰和谷,则趋势就是上升趋势。在股价上升趋势中,连接股价波动的两个低点的直线就是上升趋势线。我们可以利用同花顺软件的画图功能很方便地画出趋势线。

(1)进入同花顺 APP,选中任一指数或股票的 K 线走势图,点击横屏,点击右下角"画线",如图 7-1 所示。

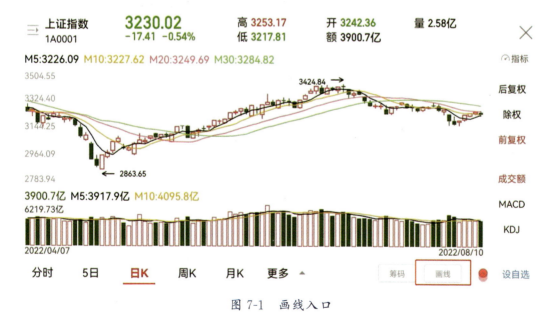

图 7-1 画线入口

(2)选择"直线",如图 7-2 所示。

(3)连接股价波动的 2 个低点,即得到一条上升趋势线,如图 7-3 所示。

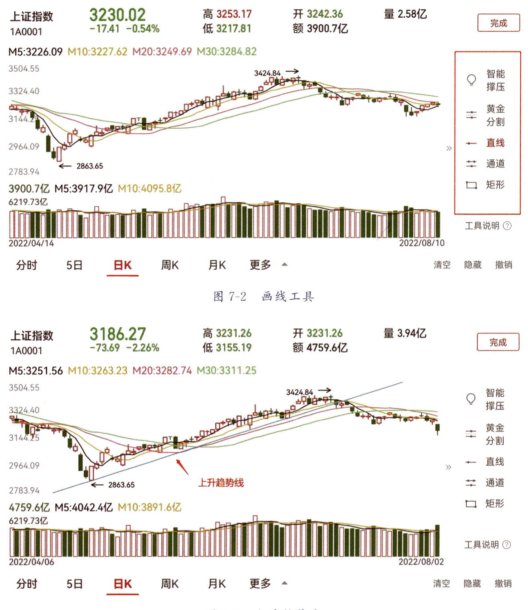

图 7-2 画线工具

图 7-3 上升趋势线

2. 下降趋势线

如果图形中每个后面的峰和谷都低于前面的峰和谷,则该趋势就是下降趋势。在股价下降趋势中,连接股价波动的两个依次下降的高点的直线就是下降趋势线。同样可以通过同花顺的画线功能画出下降趋势线,画法与上升趋势线相同,如图 7-4 所示。

3. 水平趋势线

如果图形中每个后面的峰和谷与前面的峰和谷相比没有明显的高低之分,几乎呈水平延伸,则趋势就是水平趋势。

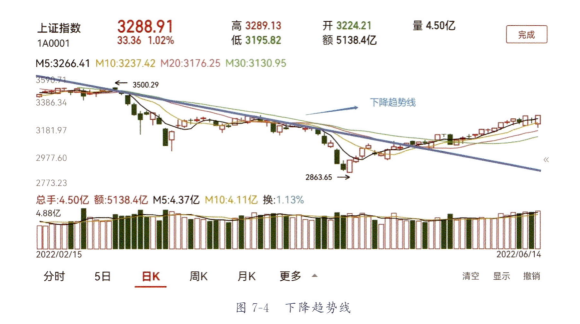

图 7-4 下降趋势线

三、趋势线的确认

正如上面所描述的,要想画出一条趋势线很容易,但并不能说明这条趋势线是有效的。而趋势线是否有效,关系到投资者能否对股市今后的走势有个准确的预测,进而影响我们的投资决策。因此,保证所画趋势线有效变得非常重要。

(一)要确定有趋势存在

(1)在上升趋势中,必须确认出两个依次上升的低点,而且这两个低点必须有决定意义,一般来说,应是两个反转低点,即下跌至某一低点开始回升,再下跌没有跌破前一低点又开始上升。

(2)在下降趋势中,必须确认两个依次下降的高点,而且这两个高点也必须有决定意义,一般来说,应是两个反转高点,即上升至某一高点后开始下跌,回升未达前一高点又开始回跌。

(二)画出直线后要多次确认

画出直线后还应得到第三个点的验证才能确认这条趋势线是有效的。一般来说,所画出的直线被触及的次数越多,延续的时间越长,作为趋势线的有效性越能得到确认,因此得到的预测也就越准确,如图 7-5 所示。

四、趋势线的作用

一般来说,趋势线有两种作用:
(1)上升趋势线主要起到支撑作用,是支撑线的一种。
(2)下降趋势线起压力作用,是压力线的一种。

发现价格运行的趋势是为了指导买卖操作,一旦确定了市场的趋势,投资者就应该顺势而为。如果市场的主要趋势是上升趋势,那么持有的仓位可以重一些,持有的时间可以长一些,尽

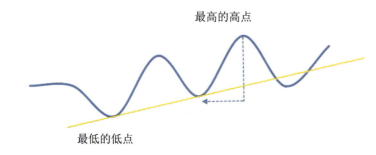

上升趋势线

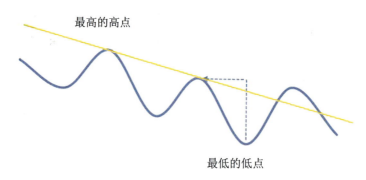

下降趋势线

图 7-5　趋势线的画法

量不要频繁地进进出出,选好有潜力的证券然后持仓待涨;如果市场的主要趋势是下降趋势,那么投资者应该多看少动,买入证券后也不要恋战,以免深套其中。

>
>
> ### 趋势线被突破后怎么办？
>
> 　　应用趋势线时最为关键的问题是:怎么才算对趋势线的突破？这个问题本质上是对支撑线和压力线突破问题的进一步延伸。这里面包含很多人为因素,或者说主观成分。这里只提供几个参考建议,以便在具体判断中进行考虑。
> 　　(1)收盘价突破趋势线比当日最高、最低价突破趋势线重要。
> 　　(2)穿越趋势线后,离趋势线越远,突破越有效。人们可以根据各个证券的具体情况,自己确定一个界限。
> 　　(3)穿越趋势线后,在趋势线的另一方停留的时间越长,突破越有效。很显然,只在趋势线的另一方停留了一天,肯定不能算突破。至于多少天才算,这又是一个人为确定的问题。

趋势线是图表分析师所使用的最简便也是最有价值的基本技术工具之一。画趋势线时首先要将坐标调成对数坐标与等分坐标。在趋势线的分析中,上升趋势线是沿着相继的向上反弹低点连接而成的一条直线,位于价格图线的下侧。下降趋势线是沿着相继的上冲高点连接而成的,位于价格上侧。水平趋势线是将某一时段内,高点与高点连接或低点与低点连接,所形成的直线。

上涨趋势线被向下突破时卖点:一是首次突破该趋势线时;二是突破后反弹高点被趋势线压制时。下跌趋势线被向上突破时买点:一是首次突破该趋势线时;二是突破后回踩低点受到趋势线支撑时。

巩固与练习

1.趋势线的作用是什么?

2.利用同花顺软件,找到3只你感兴趣的股票,分别画出其趋势线,并判断其预期走势。

任务三 支撑线和压力线分析

任务描述

支撑压力线是股票的技术分析中常用的参考指标,当价格突破支撑压力线时,市场行情有可能发生反转。支撑线和压力线是可以相互转化的,突破压力线后压力线就转化为支撑线;同样突破支撑线后支撑线就转化为压力线,这符合物极必反的原则。本任务通过学习支撑线和压力线,来帮助读者更好地判断市场的行情及股价的走势。

任务要求

了解支撑线和压力线的含义,掌握支撑线和压力线的作用以及它们之间的相互转换。

任务实现

一、支撑线和压力线的含义

(一)支撑线

支撑线又称为抵抗线,当股价跌到某个价位附近时,会出现多方增加、空方减少的情况,从而使股价停止下跌,甚至有可能回升。支撑线起阻止股价继续下跌的作用。这个起着阻止股价继续下跌作用的价格就是支撑线所在的位置,如图 7-6 所示。

(二)压力线

压力线又称为阻力线,当股价上涨到某个价位附近时,会出现空方增加、多方减少的情况,从而使股价停止上涨,甚至回落。压力线起阻止股价继续上升的作用。这个起着阻止股价继续上升作用的价位就是压力线所在的位置,如图 7-6 所示。

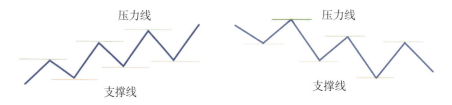

图 7-6　支撑线与压力线

我们也可以通过同花顺软件画出支撑线与压力线。打开同花顺 APP,打开目标公司股票的横屏 K 线界面,点击"智能撑压"图标,软件会自动在 K 线图上画好支撑位和压力位,如图 7-7 所示。

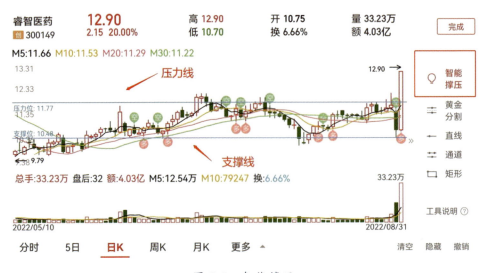

图 7-7　智能撑压

有些人往往会产生这样的误解,认为只有在下跌行情中才有支撑线,只有在上升行情中才有压力线。其实,在下跌行情中也有压力线,在上升行情中也有支撑线。但是由于在下跌行情中人们最注重的是跌到什么地方,这样关心支撑线就多一些;在上升行情中人们更注重涨到什么地方,所以关心压力线多一些。

二、支撑线和压力线的作用

如前所述,支撑线和压力线的作用是阻止或暂时阻止股价朝一个方向继续运动。我们知道股价的变动是有趋势的,要维持这种趋势,保持原来的变动方向,就必须冲破阻止其继续向前运动的障碍。比如说,要维持下跌行情,就必须突破支撑线的阻力和干扰,创造出新的低点;要维持上升行情,就必须突破上升压力线的阻力和干扰,创造出新的高点。由此可见,支撑线和压力线都有被突破的可能,它们不足以长久地阻止股价保持原来的变动方向,只不过是使它暂时停顿而已。

在上升趋势中,如果下一次未创出新高,即未突破压力线,则这种上升趋势就已经处在关键的位置;如果再往后证券价格向下突破了这种上升趋势的支撑线,就发出了一个趋势将要改变的强烈信号,也就意味着,这一轮上升趋势已经结束,下一步的走向是下跌。

同样,在下降趋势中,如果下一次未创新低,即未突破支撑线,则这种下降趋势就到了关键的位置;如果下一步证券价格向上突破这个下降趋势的压力线,就发出了下降趋势将要结束的强烈信号,意味着以后的证券价格将转为上升趋势。

由于支撑线和压力线在价格上升和下降趋势中的作用是不同的,因此同一条线在不同时期和不同市场行情中可能会充当不同的角色。通常的情况是,它们一旦被突破,则立即转换角色。如图 7-8 中的 A 线首先作为一条支撑线出现在下跌趋势中,然而一旦它被突破,则立即转变为压力线,阻碍着价格的回调,同时新的支撑线形成于 B。在价格稍稍进行了调整之后,多方积蓄能量使得价格反弹,并一鼓作气地突破压力线 A。一旦突破完成,则 A 立即又转变为支撑线,A 的上方则形成新的压力线 C。

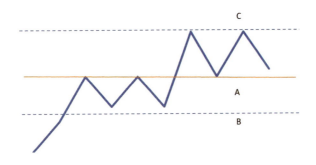

图 7-8 支撑线与压力线的转换

三、支撑线与压力线的确认和修正

一般来说,对支撑线或压力线的确认有三个方面:一是股价在这个区域停留时间的长短;二是股价在这个区域伴随成交量的大小;三是这个支撑区域或压力区域发生的时间距离当前这个时期的远近。显然,股价停留的时间越长,伴随的成交量越大,离现在越近,则这个支撑或压力区域就越可以确认,且对当前的影响就越大。

但有时由于形势变化和股价的变动,原来的支撑线或压力线已不具有支撑或压力作用,已不完全符合上面所述的三个条件。这时就要对支撑线和压力线进行调整、修正。对支撑线和压力线的修正其实是对新的支撑线和压力线的确认。股价到了这个区域,投资者应清楚,它有可能被突破,而到了另一个区域,它就不容易被突破,但原来的支撑线可能会变成下一次反向运动时的压力线。

 拓展阅读

支撑线和压力线的真正含义是什么呢?

我们这样来理解,历史上曾经发生过多次这样的事情,未来会不会再次发生呢?就如小明经常在上学路上被别的小孩子欺负,明天他会不会依然被欺负呢?确实很难说。但我们可以假设明天依然会出现这样的"阻碍线",小明自然会在上学路上做好受欺负的准备,随时看势采取逃跑等措施。

实际上支撑位与压力位就是起到这样一个作用。

当股价再次上行到上次的阻力线位置时,技术分析者就应考虑到历史是否会重现,股价是否会再次下跌。这时技术分析者就会谨慎观察在当时股价或行情有无下跌的迹象,以做好卖出或做空准备。

支撑线和压力线的误区:有很多技术分析者偏向于认为历史上的支撑线或压力线一定会在现在起作用,即他们认为历史上发生过的事情,现在一定会发生。他们把技术分析当成了预测的神奇工具。

很显然这种思维是错误的。小明过去总受欺负并不等于明天或后天依然会受欺负。只是有这个可能而已。小明是有可能突破压力线的。所以正确对待支撑线和压力线的态度应是把历史作为参考和判断的辅助,要做好两手准备——重复历史或改变历史,并尽量找到其他的更有力的依据来加大自己判断的成功概率,而不是在事实未发生前就认定一定会这样或一定不会这样。

支撑线和压力线仅是一个有限的历史数据参考,作为投资者还需要在其他方面做好调查研究才能使得胜率更大。并且投资者还要做好资金管理,以防判断错误造成巨大损失。

巩固与练习

1. 支撑线的含义是什么?

2.压力线的含义是什么？

3.利用同花顺APP,选择你感兴趣的4只股票,用软件画线功能画出支撑线和压力线,并预测股价后期走势。

任务四　黄金分割线与百分比线分析

任务描述

当股价持续上涨或者持续下跌到一定程度,肯定会遇到压力或支撑,遇到压力或支撑后,股价变动方向就可能发生改变。黄金分割线与百分比线提供了支撑线和压力线所在的几个价位,而对什么时间达到这个价位不做过多关心。

任务要求

了解黄金分割线与百分比线的含义,掌握其作用及运用。

任务实现

支撑线和压力线随着时间的推移,支撑位和压力位也要不断变化。向上斜的切线价位会变高,向下斜的切线价位会变低。对水平切线来说,每个支撑位或压力位相对来说较为固定。为了弥补它们在时间上的不同,人们在画水平切线时往往多画几条。也就是说,同时提供好几条支撑线和压力线,并希望这几条中最终确有一条能起到支撑和压力的作用。为此,在应用黄金分割线和百分比线的时候,应注意它们与其他切线的不同。水平切线中最终只有一条被确认为支撑线或压力线,这样,其他切线就不是支撑线和压力线,它们应当自动被取消,或者说在图形上消失,只保留那条被确认的切线。这条保留下来的切线就具有一般的支撑线或压力线所具有的全部特性和作用,对于我们今后的价格预测工作有一定的帮助。

一、黄金分割线

(一)黄金分割线的含义

黄金分割法是依据0.618黄金分割率原理计算得出的点位,这些点位在证券价格上升和下跌过程中表现出较强的支撑和压力效能。其计算方法是依据上升或下跌幅度的0.618及其黄金比率的倍率来确定支撑和压力点位。

黄金分割包含若干个特殊的数字,它们是有名的"黄金分割数",具体如表7-1所示。

表 7-1 黄金分割数

0.191	0.382	0.618	0.809
1.191	1.382	1.618	1.809
2.191	2.382	2.618	2.809

这些数字中,0.382、0.618、1.382和1.618最为重要,股价极容易在由这四个数字产生的黄金分割线处产生支撑和压力。

(二)黄金分割线画法

(1)找到一个点,以便画出黄金分割线。这个点是上升行情结束,掉头向下的最高点,或者是下降行情结束,掉头向上的最低点。当然,这里的最高点和最低点都是指一定范围内的,是局部的。只要我们能够确认一种趋势(无论是上升还是下降)已经结束或暂时结束,则这种趋势的转折点就可以作为黄金分割线的起点。这个点一经选定,我们就可以画出黄金分割线了。

同样,我们可以通过同花顺软件画出黄金分割线。打开同花顺APP,打开目标公司股票的横屏K线界面,点击"黄金分割"图标,系统会自动根据K线价格的最高点和最低点生成黄金分割线,如图7-9所示。

图 7-9 黄金分割线

(2) 同花顺软件支持自动画出黄金分割线。

主要原理是将股价一段时间的高点和低点的距离按 19.1∶38.2∶50.0∶61.8 的比例水平分割开来,每当股价在遇到这些线条时都会受到阻力,从而在该价位调整几天后再确认后续的走势,并且在确认后将会走出连续的趋势,直到遇到下一个分割线。

上升趋势中,黄金分割线从下往上画,19.1 比例的虚线在下方;下降行情中从上往下画,19.1 比例的虚线在上方。

二、百分比线

百分比线考虑问题的出发点是人们的心理因素和一些整数位的分界点。

当股价持续上涨到一定程度,肯定会遇到压力;遇到压力后,就要向下回撤。回撤的位置很重要。黄金分割提供了几个价位,百分比也提供了几个价位。

以某次上涨行情开始的最低点和开始向下回撤的最高点两者之间的差,分别乘以几个特殊的百分比数,就可以得到未来支撑位可能出现的位置。这些百分比数一共有 10 个,具体如表 7-2 所示。

表 7-2　百分比数

1/8	1/4	3/8	1/2	5/8
3/4	7/8	1	1/3	2/3

这里的百分比线中,1/2、1/3、2/3 这三条线最为重要,它们在很大程度上是人们的一种心理倾向。如果没有回落到 1/3 以下,就好像没有回落够似的;如果已经回落了 2/3,人们自然会认为已经回落够了,因为传统的决定胜负的方法是三局两胜。上面所列的 10 个特殊的数字都可以用百分比表示,之所以用上面的分数表示,是为了突出整数的习惯。

如果百分比数字取为 61.8%、50% 和 38.2%,就会得到另一种黄金分割线——两个点黄金分割线。在实际中,两个点黄金分割线使用得很频繁,差不多已经取代了百分比线,但它只是百分比线的一种特殊情况。

拓展阅读

如何判断黄金分割线的支撑区和压力区?

黄金分割线将价格的上升和下降行情,划分为几个回调支撑区和反弹压力区,借以判断价格未来的运行趋势。

无压力区。上升行情中的无压力区,是指价格在上升过程中的 0.382 这条黄金分割线以上的区域。在一轮大的上升行情里,价格一般都会出现几次比较大的回调走势,而在这种回调过程中,只要价格始终运行在 0.382 这条黄金分割线以上的区域,控线的上升趋势就会持续下去,这对投资者逢高卖出和逢低买入的决策很有帮助。

强力支撑区。上升行情中的强力支撑区,是指价格在上升过程中的0.382—0.5这两条黄金分割线之间的区域。当价格经过一轮比较大的上升行情,开始向下回调整理时,如果回调至0.382—0.5线之间的区域就遇到比较强劲的支撑,只要价格始终运行在0.382—0.5线之间的区域,就表明此前价格从高位的回调整理,是一种上升行情中的强势整理行情,价格的上升趋势并未发生改变。

强势支撑区是价格上升行情中的一个重要回调支撑区域,也是投资者持仓观望或清仓出局的决策区域。

当这个强势整理区被有效向下突破后,它就可能变成一个重要的压力区,并成为未来价格向上运行的强大压力区。

最后支撑区。上升行情中的最后支撑区,是指价格在上升过程中0.5—0.618这两条黄金分割线之间的区域。这个区域是判断价格的上升行情是结束还是希望尚存的重要区域,也是主力可能护盘的最后区域。

当K线运行在0.5—0.618这个区域时,说明价格的上升行情尚未结束,价格再次向上的可能性仍在。而一旦价格有效向下突破0.5—0.618这个区域时,则说明价格的上升行情即将结束,价格向下运行的可能性日益增大,此时的投资决策应以持币观望为主。

强压力区。下跌行情中的强压力区是指价格在下跌反弹过程中的0.618—0.5这两条黄金分割线之间的区域。当价格经过一段跌幅比较大的下跌行情后,反弹到0.618—0.5之间的区域时,就表明价格已经触及一个重要的强阻力区。

如果价格能有效站稳或向上突破这个强阻力区,则表明价格向上反弹的趋势还将继续;而如果价格只是触及这个区域后便重新掉头向下运行,则预示着价格的反弹行情即将结束,价格将开始新一轮的下跌行情。

巩固与练习

利用同花顺软件,找出两只你感兴趣的股票,画出黄金分割线和百分比线,并进行简要分析。

项目八
形态分析

ZHENGQUAN TOUZI SHIWU

形态理论既是技术分析中最常运用的一种分析方法,也是对前几个项目"K线理论分析""切线理论分析"的有益补充和延伸。本项目主要介绍形态理论的概念、分类,常见形态的基本特征、识别与应用。

1. 掌握常见的反转突破形态和持续整理形态;
2. 理解常见形态的含义和运用;
3. 能对任一证券的K线形态进行判断分析;
4. 能运用形态理论,分析任意给定的股票短期价格变动趋势。

> **职业素养点拨**
>
> **用老子思想来看待股市**
>
> 古之圣贤的所思所想蕴含着无穷的智慧,其深邃与悠远值得我们后人认真研习。老子是我国古代哲学家,道家思想创始人。老子思想的核心是"道"。
>
> 所谓道就是宇宙间万物运动规律。规律是客观的,独立于我们的意识之外。我们每个人都在道中而行,道是虚无的,又是充盈的,我们看不见摸不着,但可以用心去感悟,此为悟道。
>
> 我们投资也要合乎"道",就是要正确反映和认识证券市场及个股规律,避免主观性。股市里各种各样的股价形态,其根本体现的是一个低位买进、高位卖出的过程,单从操作方式来看,极其简单。而众所周知,股价在高位停留只是短暂的,迅猛的拉升相对而言总是瞬间,投资者只能跟随操作,顺势而为,正确的方法是在涨势最好的时候卖出。这与老子倡导的持而盈之,不若其已,不谋而合。股票决策或操作时必须尊重市场,遵循股价运行规律。
>
> 做事要合"道",投资也要合"道",天下事都要合其"道"。

任务一 反转形态识别与分析

任务描述

K线理论揭示了未来短期内股价的变动方向。K线分析中所涉及的K线数量通常不超过五根,随着K线数量的增多,走势图上会形成许多类似山峰、山谷、三角形、矩形等多种形态。对这些形态进行分析,可以得出形态背后多空双方力量的博弈结果,研究未来股价可能的运行轨迹,进而指导投资者决策。这就是本项目所要讲述的形态理论。

在股市实战中,形态图形好比气象台的卫星云图,分析研究股价形态,有助于找出股价运行规律并加以利用,帮助投资者驰骋股市。

🗝️ 任务要求

在证券投资技术分析的形态分析与判断中,能够正确区分反转突破形态和持续整理形态,掌握反转突破形态的特征及其要点,识别常见的反转突破形态,掌握不同反转突破形态的操作要点,进而指导投资决策的行为。

🗝️ 任务实现

一、股价移动的两种形态类型

根据股价运动的规律,股价的移动主要是打破平衡的反转突破和保持平衡的持续整理这两种过程。可以据此将股价曲线的形态分成两大类型:一是反转突破形态;二是持续整理形态。

(一)反转突破形态

反转突破形态可以简称反转形态,是指股价趋势逆转所形成的图形,是股价由原来的上升行情转变为下跌行情或由原来的下跌行情转变为上升行情的信号。常见的反转突破形态有头肩形、双重形、圆弧形等形态。反转突破形态描述了趋势方向的反转,是投资分析中应该重点关注的变化形态。本任务对几种常见的反转突破形态进行介绍。

(二)持续整理形态

持续整理形态可以简称为持续形态,是指股价经过一段时间的快速变动后不再继续原趋势,而在一定区域内上下窄幅变动,等时机成熟后再继续以往的趋势。常见的持续整理形态有三角形、矩形、旗形等。

二、头肩形

头肩形是实际股价形态中出现最多的一种形态,是最著名和最可靠的反转突破形态之一,分为头肩顶和头肩底两种形态,分别代表向下和向上的反转趋势。

(一)头肩顶

头肩顶是升势反转的形态,如图 8-1 所示。

1. 头肩顶的形成

头肩顶通常形成于价格的一个明显上升趋势,伴随较大的成交量,然后,价格在上涨一定幅度后上涨势头放缓,开始受阻回落,成交量也开始减少。这样价格一涨一跌先后形成了左肩、头和右肩。在头肩顶形态中,由两个峰底连成的支撑线被称为颈线。颈线一旦跌破,而且回抽无力再超过颈线,头肩顶反转形态便形成。

2. 头肩顶的识别要点

头肩顶的识别要点如下:

(1)股价持续上涨后的见顶形态之一;

(2)左肩和右肩峰顶价位大致相同,头部峰顶价位高一些;

(3)上涨时要放量,下跌时量可能放大,也可能缩小;

(4)突破颈线后常有反弹,但反弹成交量明显萎缩。

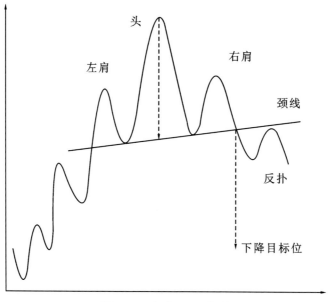

图 8-1　头肩顶示意图

3.头肩顶的操作要点

投资者可在右肩形成后卖出手中持有的股票,颈线跌破时,继续卖出,直至清仓。当颈线被突破时,没有卖出的投资者就必须下决心采取行动。头肩顶颈线被突破后,往往会有一个反弹的过程,这是多头最后的逃命机会。头肩顶的形成是一种强烈的卖出信号,股价将一路下泻,下降幅度至少等于头到颈线的垂直距离,即图 8-1 所示的下降目标位。

(二)头肩底

头肩底形态与头肩顶形态正好相反,就是将头肩顶形态倒转过来,也是由左右肩和头部构成,头部与左右肩在颈线下方(见图 8-2),是见底反转的重要信号之一。

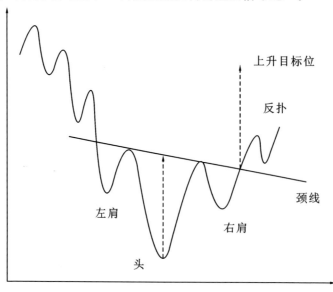

图 8-2　头肩底示意图

1. 头肩底的形成

头肩底通常形成于价格的一个明显下降趋势,然后,价格在下跌一定幅度后下跌势头放缓,开始反弹回升。这样价格一跌一涨先后形成了左肩、头和右肩。值得注意的是,头肩底形态向上突破颈线时,必须要伴随着成交量的急剧增加,否则,可靠性将大大降低,甚至可能出现假的头肩底形态。这一点是头肩顶和头肩底最大的区别,头肩顶形态完成后,向下突破颈线时,成交量不一定放大。

2. 头肩底的识别要点

头肩底的识别要点如下:

(1) 股价连续下跌后形成的见底形态之一;

(2) 右肩向上突破成交量显著放大;

(3) 突破颈线后,常有回档,来确认颈线支撑有效;

(4) 突破颈线后,目标区至少为头部至颈线的垂直距离。

3. 头肩底的操作要点

投资者可以在右肩形成后,进行建仓,颈线突破后,增加持仓量,进行全面投资。

三、双重形

双重形也是比较典型的反转形态,在实际中经常出现,包括双重顶和双重底。

双重形的特点是双顶或双底高度基本一致,形状类似英文字母"M"和"W",故又称 M 头和 W 底。

(一)双重顶

1. 双重顶的形成

证券价格上升一段时间后,在某个价格水平遇到阻力,价格随之下跌,并在低位获得支撑。接着证券价格又升至与前一个价格几乎相等的高点,但成交量却不能达到上一个高峰的成交量,随后在压力线的阻压下再次下跌,而且跌破双重顶颈线的支撑(见图 8-3)。双重顶颈线是指第一次从高峰回落的最低点。

2. 双重顶的识别要点

双重顶的识别要点如下:

(1) 股价持续上涨后的见顶形态之一;

(2) 两个峰顶价位大致相同,但有时第二个峰头略微比第一个高一些;

(3) 第二次反弹上冲时成交量比第一次上冲时要小;

(4) 突破颈线后常有反弹,但反弹成交量明显萎缩。

3. 双重顶的操作要点

双重顶是一个转向形态。当它出现时,即表示证券价格的升势已经终结。双重顶中,向下突破颈线是最佳的卖出时机。当双重顶被突破后,价格至少要跌到与形态高度相等的距离,即图 8-3 的下降目标位。

(二)双重底

双重底形态和双重顶形态正好相反,就是双重顶倒转过来。

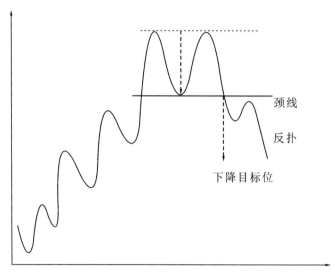

图 8-3 双重顶示意图

1. 双重底的形成

双重底形态中,证券持续下跌到某一平台出现技术性反弹,但回升幅度不大,时间也不长,证券价格再次下跌,当跌至上次低点时获得支撑,再一次回升,而且突破颈线,同时成交量也随之放大(见图 8-4)。

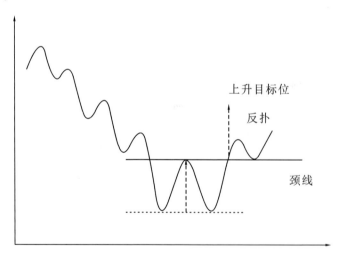

图 8-4 双重底示意图

2. 双重底的识别要点

双重底的识别要点如下:

(1)股价连续下跌后的见底形态之一;

(2)两个低谷,最低点基本相同;

(3)第二个低谷形成时,成交量极度萎缩;

(4)突破颈线后常有回调,颈线附近止跌回升,确认颈线支撑有效。

3. 双重底的操作要点

双重底是一个转向形态。当它出现时,即表示证券价格的跌势已经终结。双重底中,向上突破颈线是最佳的买入时机。当双重底被突破后,价格至少要涨到与形态高度相等的距离,即图8-4的上升目标位。

四、圆弧形

圆弧形又称为碟形、圆形或碗形等,这些称呼都很形象。不过应该注意的是:图中的曲线不是数学意义上的圆,也不是抛物线,而仅仅是一条曲线。圆弧形也是极具威力的反转形态,包括圆弧顶和圆弧底两种形态。

(一)圆弧顶

1. 圆弧顶的形成

圆弧顶是指股价开始时从低位持续上扬,成交量也明显增加。但随着股价的攀升,获利盘增加,多头开始遇到阻力,股价上升速度放缓,成交量也逐渐萎缩。当股价逐步上推到顶点后,多头力不从心,慢慢由主动转变为被动,最后多头完全失去信心,股价便开始快速回落,从而形成一个向下弯曲的弧形,如图8-5所示。

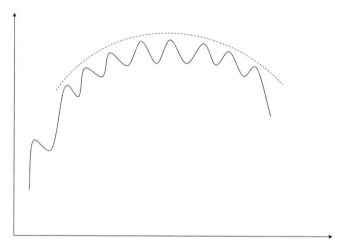

图8-5 圆弧顶示意图

2. 圆弧顶的识别要点

圆弧顶的识别要点如下:

(1)圆弧顶是一个反转下跌的形态,一般出现在高位,是下跌行情的开始。

(2)在识别圆弧顶的时候,成交量显得十分重要。在圆弧顶形成过程中,成交量两头大中间小。越靠近顶成交量越小,到达顶时成交量最小,而突破后一段时间,都有相当大的成交量。

3. 圆弧顶的操作要点

圆弧顶一经形成,投资者应立即果断卖出。圆弧顶形成所持续的时间越长,潜在下跌的能量越大,日后反转下跌的力度就越强。圆弧顶的跌幅一般不太好测量,但下跌最小幅度往往是从圆弧顶到圆弧两端连线的垂直距离。

(二)圆弧底

圆弧底形态与圆弧顶形态正好相反,就是圆弧顶形态倒转过来,如图8-6所示。

1.圆弧底的形成

圆弧底形态中,股价在多空双方争夺下一路缓慢下跌并持续一段时间,成交量也逐渐萎缩,且由于股价较低,又不断吸引买盘使股价攀升,成交量也伴随增加,形成典型的圆弧底形态。圆弧底形态没有最小上涨度量,一旦向上突破后,往往升势强劲,上涨幅度较大。

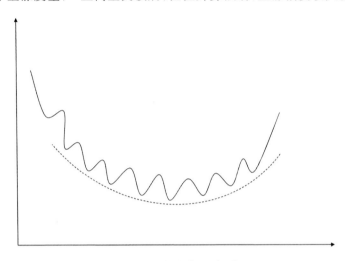

图8-6 圆弧底示意图

2.圆弧底的识别要点

圆弧底的识别要点如下:

(1)圆弧底是一个反转向上的形态,一般出现在低位,是上涨行情的开始;

(2)一般情况下,圆弧底形态中的成交量变化与圆弧顶形态相似。

3.圆弧底的操作要点

对于投资者来说,遇到圆弧底时,选择最佳买入时机非常重要,不宜过早介入。首先,在买入之前必须确认成交量的底部已经形成;其次,最好在连续几日温和放量收阳线之后买进比较可靠;最后,如果在圆弧底形成末期出现价格整理趋势,应把握机会,在成交量萎缩至接近突破前成交量水平时及时买进。

五、V形

V形也是股市中比较常见的一种反转形态,它出现在激剧动荡的市场中,包括V形顶和V形底两种形态。

(一)V形顶

1.V形顶的形成

一般来说,V形顶的形成有两种原因。一种是市场上预期可能出现某种极大的利好消息,股价在买盘的推动下,在很短的时间内出现快速而迅猛的涨升,然而这种预期的利好却没有出现或者利好消息已提前消化,在前期蛰伏吸货的主力大肆出货的情况下,股价很快一泻千里。

另一种是股价经过前期一段时间的横盘整理,主力清洗完市场上的浮动筹码后,为了在比较高的价位出货,便通过对倒拉升等手段,在较短时间内将股价推升至高位,然后利用市场上投资者的盲目乐观情绪而大肆出货。主力出货后,股价失去大资金的关照,加上其他获利盘和套牢盘也蜂拥而出,股价进入一个急速下跌的行情,如图8-7所示。

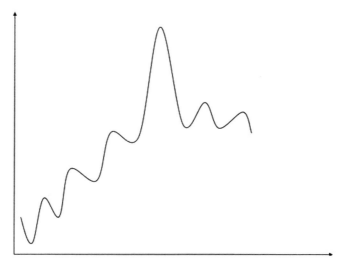

图8-7 V形顶示意图

2.V形顶的识别要点

V形顶的识别要点如下:

(1)V形顶形态在其顶部形成之前,股价从底部启动后已经有了相当大的涨幅;

(2)V形顶形态的走势多属于在重大消息刺激下的爆发性行情产生后的反转行情;

(3)V形顶只有一个高点,即它的顶只出现一次;

(4)就成交量而言,V形顶形态形成的过程中往往会出现底部和顶部的成交量都比较大的情况,但一般顶部的量要大于底部的量,即在行情爆发之初,成交量急剧放出,随后成交量慢慢递减,而到达顶部时成交量又会放大。

3.V形顶的操作要点

V形顶一旦形成,其杀伤力十分惊人。与其他顶部反转形态一样,基本量度跌幅也是V形顶形态中很关键的一点。V形顶的基本量度跌幅是V形顶中最高点到股价启动前平台区的垂直距离。在实战中,V形顶的下跌幅度往往超过基本量度跌幅,因此投资者应高度重视。

若股价在近期很短的交易日(最多10个交易日)内经过连续的快速拉升,其短期涨幅已经相当惊人,此时投资者就要注意股价形态会不会形成V形顶反转。

当股价经过短期快速拉升后,其K线形态出现大阴线或上影线很长的K线时,此时如果成交量也明显放大,投资者应开始卖出股票;一旦股价接下来向下突破中短期支撑线,股价的顶部反转形态基本确认,投资者应及时卖出全部股票。

(二)V形底

1.V形底的形成

V形底的形成是股价从顶部下跌,经过一段较长时间的大幅下跌之后,下跌至最低点附近再无力下跌,然后在低位稍做停留后,便在消息面和成交量的配合下快速扬升,形成一种变化快、力度强的底部反转形态,如图 8-8 所示。

一般来说,V 形底形成的原因有两种。一种是市场上预期可能出现某种极大的利好消息,从而使股价在买盘的推动下很快进入快速而迅猛的上升行情。另一种是股价经过前期很长一段时间的下跌后,为了在比较低的价位进货,主力便通过对倒打压等手段,在较短时间内将股价打压至低位,然后利用市场上投资者的悲观情绪而大肆吸货。主力完成建仓后,在大资金的关照下,成交量明显放大,股价很快拔地而起。

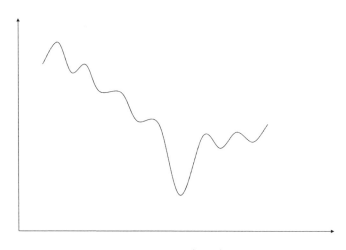

图 8-8　V 形底示意图

2. V 形底的识别要点

V 形底的识别要点如下:

(1) V 形底是一种短期趋势的底部反转形态。在 V 形底形态的底部形成之前,股价从顶部下跌已经有了相当大的跌幅,而且股价在下跌过程中很少出现反弹;

(2) V 形底形成后,其拉升周期远远小于出货周期,一般在 10 个交易日左右完成其拉升过程,最长不超过一个月;

(3) V 形底的底部只出现一次,而且在低位停留的时间一般很短;

(4) 就成交量而言,V 形底形态的形成过程中往往会出现底部和顶部的成交量都比较大的情况,但一般底部的量远远大于顶部的量,即在行情爆发之初,成交量会急剧放大,随后成交量慢慢递减,而到达顶部时成交量又会大量放出。

3. V 形底的操作要点

V 形底形态一旦形成,其涨升力度非常惊人。与其他底部反转形态一样,基本量度涨幅也是 V 形底形态中很关键的一点。V 形底的基本量度涨幅是 V 形底中最低点到股价下跌前平台区的垂直距离。在实战中,V 形底的涨幅往往超过基本量度涨幅,因此投资者应高度重视。

当股价在近期较长的交易日(最少 3 个交易日)内经过连续的大幅下跌,且其中短期跌幅已经相当惊人时,投资者就要开始注意股价形态会不会形成 V 形底的反转。

当股价经过一段时间的大幅下跌后,其 K 线形态出现大阳线或下影线很长的 K 线,此时如果成交量也明显放大,投资者应考虑买入股票;一旦股价接下来向上突破中短期均线的压力线,并且成交量急剧放大,股价的底部反转形态基本确认,此时投资者应及时买入股票。

拓展阅读

应用形态理论应注意的问题

形态理论分析是较早得到应用的技术分析方法,相对比较成熟。尽管如此,也存在正确使用的问题。

(1)在观察K线进行形态判断时,不能强求形状的标准性。

股票或者其他有价证券价格的变动受多种因素的影响,每天的K线图走势也非常复杂,特别是我国资本市场还不成熟,跟风买卖的现象非常明显,往往一些消息或传言都可能导致股价暴涨暴跌,这样就使得每种形态的形状并不一定标准,投资者在进行形态分析时,只要能大体识别某种形态的特征,即可以判定为该种形态。

(2)站在不同的角度,对同一形态可能产生不同的解释。

例如,头肩形是反转形态,但有时从更大范围去观察,则可能成为中途持续整理形态。且如上所述,由于K线形态往往不是很规则,不同分析者面对同一张K线图,有可能识别为不同形态。如在某只股票的K线上,由于K线图排列不太规则,有的认为是双重底,有的认为是三重底。这些不同的解释必然影响投资者的实际操作。

(3)进行实际操作时,形态理论要求形态完全明朗后才能行动。

从某种意义上讲,有错过机会的可能。例如,矩形整理形态是股价上升或下降到一定位置时的整理形态,其形状可能像W底或M顶,也可能形成三重底或三重顶,从而演变成反转形态,如果投资者在趋势未明朗时进行操作,则可能出现方向判断失误,造成投资损失;而若等待趋势明朗,则很可能错过了在较高点卖出或较低点买进的时机。

(4)形态分析得出的结论仅是一种参考。

同其他技术方法一样,不能把形态理论当成万能的工具,更不应将其视为金科玉律。投资者在利用形态理论时,还应结合当时的市场环境和其他分析方法进行综合研判,以提高操作的成功率。

巩固与练习

示例:图8-9矩形框中是泸天化(000912)自2013年12月16日至2014年1月3日的K线走势。

图 8-9　泸天化(000912)K 线走势图

矩形中该股的 K 线属于反转突破形态,具体来说是 V 形底形态。

在 2013 年 12 月 26 日,该股股价连续放量上涨时,投资者可考虑 V 形底可能出现,可以择机买入,持股待涨。

1.图 8-10 矩形框中是杭齿前进(601177)2019 年 7 月至 9 月的 K 线走势,请识别矩形中的 K 线形态属于_____(反转突破形态、持续整理形态),画出相应的辅助线,并结合该股股价走势对该形态进行简要说明。

图 8-10　杭齿前进(601177)K 线走势图

2.图 8-11 矩形框中是振江股份(603507)2017 年 7 月至年底的 K 线走势,请识别矩形中的 K 线形态属于_____(反转突破形态、持续整理形态),画出相应的辅助线,并结合该股股价走势对该形态进行简要说明。

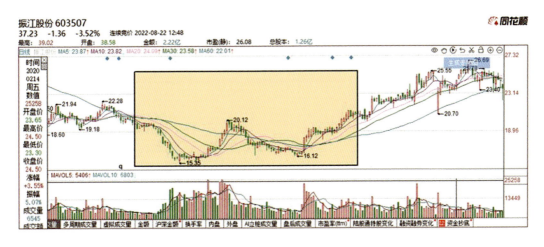

图 8-11　振江股份(603507)K 线走势图

3. 图 8-12 矩形框中是模塑科技(000700)2011 年 2 月 15 日至 4 月 22 日 K 线走势图,请识别矩形中的 K 线形态属于_____(反转突破形态、持续整理形态),画出相应的辅助线,并结合该股股价走势对该形态进行简要说明。

图 8-12　模塑科技(000700)K 线走势图

4. 图 8-13 矩形框中是北巴传媒(600386)2020 年 2 月 28 日至 3 月 24 日的 K 线走势,请识别矩形中的 K 线形态属于_____(反转突破形态、持续整理形态),画出相应的辅助线,并结合该股股价走势对该形态进行简要说明。

图 8-13　北巴传媒(600386)K 线走势图

5. 打开同花顺 APP,观察某只你感兴趣的股票(上市时间 3 年以上)_____的历史 K 线走势图,从中寻找典型的顶部反转形态和底部反转形态,并结合实际情况加以分析。

任务二　整理形态识别与分析

🔑 任务描述

股价走势在上升或下降过程中,有时需要休整,在图形上就形成了持续整理形态,但这种持续整理形态并不改变原来股价走势的方向,由于理论的变化不同,持续整理形态会形成各种不同的形态。在实践中,往往在一个大的反转形态中包含了若干小的整理形态,而在大的整理形态中也可以分解出几组反转形态,主要视投资者做长周期还是短周期分析而定。

任务要求

掌握常见的持续整理形态的特征及其要点,识别常见的持续整理形态,掌握不同持续整理形态的操作要点,进而指导投资决策的行为。

任务实现

一、三角形

三角形整理形态是股票技术分析中一种很常见的K线形态,它通常可以分为三种:对称三角形、上升三角形和下降三角形。其中对称三角形一般出现在横盘趋势中,上升三角形一般出现在上涨趋势中,下降三角形一般出现在下跌趋势中。

(一)对称三角形

1.对称三角形的形成

对称三角形在上升或下降趋势中都有可能出现,大多发生在一个大趋势进行的途中,它表示原有的趋势暂时处于休整阶段,之后股价会继续沿原来的趋势运动。下面以上升趋势中出现的对称三角形为例进行说明。股价从第一个短期高点回落,但很快就被买方所消化,推动股价回升。不过多方对后市缺乏信心,表现在股价未能回升至上次高点已告掉头,又一次下跌,而在下跌过程中沽售的投资者不愿意低价贱售,因此回落压力不强,股价并未跌到上次低点便告回升,买卖双方观望性对峙造成股价上下波动日渐减小,形成对称三角形形态,如图8-14所示。

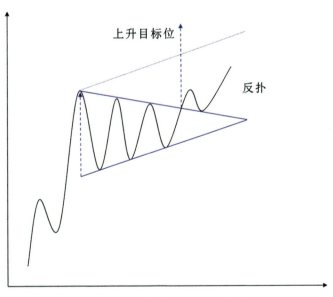

图8-14 对称三角形示意图

2.对称三角形的识别要点

对称三角形的识别要点如下:

(1)对称三角形有两条聚拢的直线,上面的向下倾斜,起压力作用;下面的向上倾斜,起支撑作用。两条直线的交点成为顶点。

(2)对称三角形一般应有六个转折点。这样上下两条直线的支撑与压力作用才能得到验证。

(3)对称三角形只是原有趋势运动的途中休整阶段,所以持续的时间不应太长。持续时间太长,保持原有趋势的能力就会下降。

(4)成交量在对称三角形形成的过程中不断减少,反映多空双方力量对后市犹豫不决的观望态度。由于价格波动幅度越来越小,成交量也在不断递减,直到价格有效突破三角形时,成交量才随之变大。

3.对称三角形的操作要点

对称三角形属于整理形态,只有价格明显突破后,才可以采取相应的买卖行动。如果价格往上冲破压力线,就是买入时机;反之,如果价格往下跌破支撑线,便是卖出时机。

以上升趋势中的对称三角形为例的测度方法如下:当价格往上突破时,从形态的第一个上升高点开始画一条和底部平行的虚线,未来价格至少要达到这条虚线,投资者可以大致预测最小的上升幅度和所需要的完成时间。当然,下降趋势中的最小跌幅,其测度方法也是一样的。

(二)上升三角形

1.上升三角形的形成

股价上升至某一水平时,遇到强大卖压回落,多方逢低吸纳后股价再次回升至上次高点再次回落,但由于下方买盘强大,股价未能回落至上次低点即回升,如此反复直至突破,从而形成一个由一条近乎水平阻力线的上边线和一条上倾的下边线组成的上升三角形,如图8-15所示。

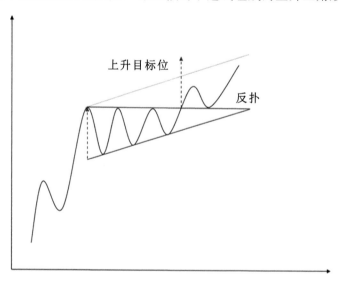

图8-15 上升三角形示意图

2.上升三角形的识别要点

上升三角形的识别要点如下:

(1)出现在上涨趋势中;

(2)上涨高点基本处于同一水平位置,回落低点却不断上移;
(3)成交量不断萎缩,向上突破压力线时量能放大。

3.上升三角形的操作要点

上升三角形越早向上突破,则后劲越足,那些迟迟不能突破的,后市应谨慎做多。上升三角形突破后,也有测度功能,测度方法与对称三角形类似。

(三)下降三角形

1.下降三角形的形成

下降三角形同上升三角形正好相反。股价下降至某一水平时遇到强大买盘反弹至一定高点后,遇到抛压回落至此水平时再次反弹,但由于抛压严重,股价未能升至上次高点即又回落。如此反复直至突破,从而形成一个由一条下倾上边线和一条近乎水平支撑线的下边线组成的下降三角形,如图8-16所示。

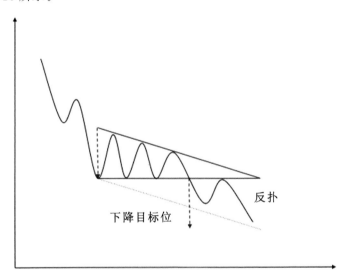

图8-16 下降三角形示意图

2.下降三角形的识别要点

下降三角形的识别要点如下:
(1)出现在下跌趋势中;
(2)反弹高点不断下移,但下落低点基本处于同一水平位置;
(3)向下突破前夕,成交量通常不出现极度萎缩;
(4)向下突破时,成交量无明显特征。

3.下降三角形的操作要点

一旦价格跌破支撑线成为有效突破时,就是卖出信号。下降三角形突破后,也有测度功能,测度方法与对称三角形类似。

二、矩形

矩形又叫箱形,是价格在两条水平的上下线之间波动、横向延伸运动而形成的一种形态,是一种典型的整理形态。矩形也可分为上升矩形和下降矩形。

(一)上升矩形

1. 上升矩形的形成

价格经过一段时间的上涨后,上升到某一水平时遇到阻力,掉头回调,但很快便获得支撑而回升,可是回升到上次同一高点时再一次受阻,而回落到上次低点时则再次得到支撑。把这些短期高点和低点分别以直线连接起来,便可以画出两条水平直线形成的通道。价格一般会在这条通道里盘整一段时间,直到多方占据优势采取主动,使价格向上突破,形成上升矩形,如图8-17所示。

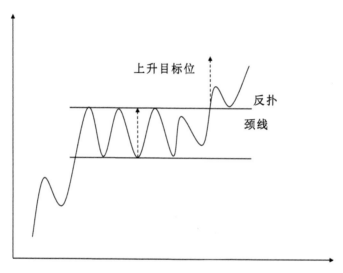

图 8-17　上升矩形示意图

2. 上升矩形的识别要点

上升矩形的识别要点如下:

(1)出现在上升趋势中;

(2)矩形的成交量一般会不断减少,当价格向上突破时,必须有成交量放大的配合;

(3)股价在两条横着的水平直线之间上下波动,长时间没有突破,一直做横向延伸运动。

3. 上升矩形的操作要点

上升矩形在其形成过程中极可能演变成三重顶形态。正是由于在判断上升矩形时有这样一个容易出错的可能性,投资者在面对上升矩形和三重顶进行操作时,几乎一定要达到突破之后才能采取行动,因为这两个形态今后的走势方向完全相反。一个是反转突破形态,要改变原来的趋势;另一个是持续整理形态,要维持原来的趋势。

一般来说,上升矩形是整理形态。突破压力线是买入的信号。同三角形一样,上升矩形也具有测度意义,其突破后的理论最小上升目标位为矩形的形态高度,即矩形上下边线的垂直距离。在上升矩形被突破后,股价可能出现反扑,但受阻于上下边线。

(二)下降矩形

1. 下降矩形的形成

下降矩形刚好与上升矩形相反。价格经过一段时间的下跌后遇到支撑,价格开始向上反弹,但反弹到一定的高点后遇阻回落,而回落到上次低点时则再次得到支撑,价格反弹到上次的高点后又遇阻回落。把这些短期高点和低点分别以直线连接起来,便可以绘出一条水平通道。价格一般会在这条通道内盘整一段时间,直到空方占据优势采取主动,使价格向下有效突破,形成下降矩形,如图 8-18 所示。

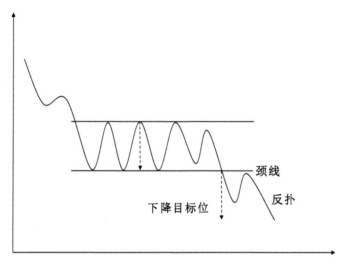

图 8-18　下降矩形示意图

2．下降矩形的识别要点

下降矩形的识别要点如下：

(1)出现在下跌趋势中；

(2)矩形的成交量一般会不断减少,向下突破时,可以没有大成交量的配合；

(3)股价在两条横着的水平直线之间上下波动,长时间没有突破,一直做横向延伸运动。

3．下降矩形的操作要点

下降矩形在其形成的过程中极可能演变成三重底形态。正是由于在判断下降矩形时有这样一个容易出错的可能性,投资者在面对下降矩形和三重底进行操作时,几乎一定要达到突破之后才能采取行动,因为这两个形态今后的走势方向完全相反。一个是反转突破形态,要改变原来的趋势；另一个是持续整理形态,要维持原来的趋势。

一般来说,下降矩形是整理形态。突破支撑线是卖出的信号。同三角形一样,下降矩形也具有测度意义,其突破后的理论最小下降目标位为矩形的形态高度,即矩形上下边线的垂直距离。在下降矩形被突破后,股价可能出现反扑,但受阻于上下边线。

三、旗形

旗形的走势如同一面挂在旗杆的旗帜,这种形态出现频率高,通常在急速的市场波动中出现,价格经过在一个区间的短期波动休整后,还保持原来的趋势方向,形成一个稍微与原来呈相反方向的平行四边形,这就是旗形走势。旗形的上下两条平行线起着支撑和压力作用。旗形可分为上升旗形和下降旗形。

(一)上升旗形

1. 上升旗形的形成

在上升旗形形成过程中,经过一段陡峭的上升行情后,做空力量开始加强,单边上扬的走势得到遏制,价格出现剧烈的波动,形成成交密集、向下倾斜的证券价格波动区域。在旗形区域,成交量递减,投资者普遍存在惜售心理,市场抛压减轻,新的买盘不断介入,直到形成新的向上突破,完成上升旗形,如图8-19所示。

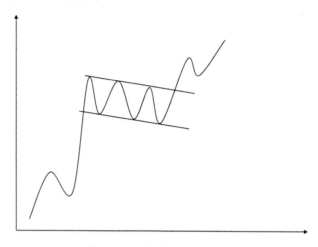

图 8-19　上升旗形示意图

2. 上升旗形的识别要点

上升旗形的识别要点如下:

(1)上升旗形出现在上涨趋势中。

(2)上升旗形出现之前,一般应有一个旗杆,这是由于价格做直线运动形成的。

(3)上升旗形持续的时间不能太长,时间一长,它保持原来趋势的能力将下降。经验告诉我们,上升旗形持续的时间应该短于3周。

(4)上升旗形形成之前和被突破之后,成交量都很大。在上升旗形的形成过程中,成交量从左到右逐渐减少。

3. 上升旗形的操作要点

一般来说,上升旗形是强势上涨的信号,价格突破旗面上方的压力线时是最佳的买入时机。

上升旗形有测度功能。旗形的形态高度是平行四边形左右两边的长度。上升旗形被突破后,股价将至少涨到形态高度的距离,大多数情况是涨到旗杆高度的距离。

(二)下降旗形

1. 下降旗形的形成

下降旗形和上升旗形正好相反。证券价格在经过一段急速下跌行情后,抛售力量减小,在一定的位置得到支撑,于是形成第一次比较强劲的反弹,然后再次下跌,经过数次反弹,形成一个类似于上升通道的图形。经过一段时间的反弹,证券价格突然跌破旗形的下沿,新的跌势终于形成,如图8-20所示。

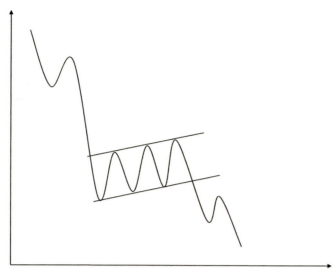

图 8-20　下降旗形示意图

2. 下降旗形的识别要点

下降旗形的识别要点如下：

(1)下降旗形出现在下跌趋势中；

(2)其他识别要点与上升旗形非常类似。

3. 下降旗形的操作要点

下降旗形具有空头市场的特征，当价格突破旗面下方的支撑线时，是最佳的卖出信号。

下降旗形也有测度功能。旗形的形态高度是平行四边形左右两边的长度。下降旗形被突破后，股价将至少跌到形态高度的距离，大多数情况是跌到旗杆高度的距离。

此外需注意：无论是上升旗形还是下降旗形，如果旗面休整期间的成交量没有显著萎缩，很可能演变为反转形态。成交量的变化在旗形走势中非常重要，它是观察和判断形态真伪的法宝。

 拓展阅读

股市谚语"横有多长，竖有多高"背后的底层逻辑

股票"横有多长，竖有多高"的意思是，在下跌后横向盘整（矩形整理、大圆弧底、三角形整理）的时间有多长，未来的涨幅就有多大，横代表的是时间，竖代表的是价格。

股票横盘时间越长，浮盘清理得越干净，筹码越多地集中到主力手中，其他的持筹人也经历了长期守候，都是坚定分子，在随后主力的拉升中不会随便抛售股票。这样的股票，上升的阻力小，在大势允许的情况下，主力相对容易拉升到足够的高度。所以说，股票横有多长，竖就有多高。

在实战中需要注意的是，横盘的股票需要有足够的契机才会展开拉升，等待的过程通常会比较久，如果投资者入场较早的话，会导致资金被占用过久而没有收益，所以一定要在趋势发生明显变化的时候再入场。

此外,需要注意"横有多长,竖有多高"并不是绝对的,个股经过长期横盘之后,有可能会出现大跌的走势,需要投资者结合个股的实际情况来进行判断。

巩固与练习

示例:图 8-21 矩形框中是正泰电器(601877)自 2014 年 8 月 29 日至 10 月 15 日的 K 线走势。

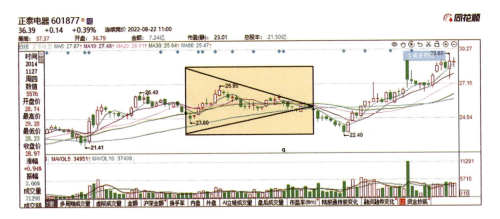

图 8-21　正泰电器(601877)K 线走势图

矩形中该股的 K 线属于持续整理形态,具体来说是下降对称三角形形态。

2014 年 10 月 16 日,股价突破下边支撑线,开始一轮下跌行情。

1.图 8-22 矩形框中是世纪华通(002602)2020 年 7 月 28 日至 9 月 25 日的 K 线走势,请识别矩形中的 K 线形态属于_____(反转突破形态、持续整理形态),画出相应的辅助线,并结合该股股价走势对该形态进行简要说明。

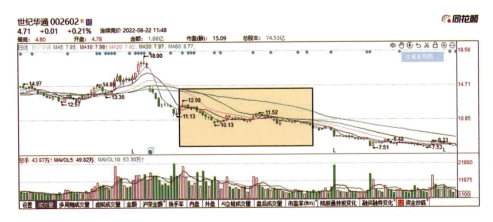

图 8-22　世纪华通(002602)K 线走势图

2. 图 8-23 矩形框中是东吴证券(601555)2014 年 7 月 30 日至 9 月 4 日的 K 线走势,请识别矩形中的 K 线形态属于_____(反转突破形态、持续整理形态),画出相应的辅助线,并结合该股股价走势对该形态进行简要说明。

图 8-23　东吴证券(601555)K 线走势图

3. 图 8-24 矩形框中是湘电股份(600416)2014 年 3 月初至 5 月下旬的 K 线走势,请识别矩形中的 K 线形态属于_____(反转突破形态、持续整理形态),画出相应的辅助线,并结合该股股价走势对该形态进行简要说明。

图 8-24　湘电股份(600416)K 线走势图

项目九
技术指标分析

ZHENGQUAN TOUZI SHIWU

项目九　技术指标分析

本项目主要介绍技术指标的概念、应用法则和注意事项,掌握移动平均线(MA)、相对强弱指标(RSI)、威廉指数、随机指标(KDJ)的原理和应用方法。

1. 了解技术指标的应用法则和注意事项;
2. 掌握主要技术指标的原理及应用方法。

职业素养点拨

可以懂,可以用,但不要狂妄,不要糊弄

证券市场是非常具有吸引力的,无论是专业人士或是非专业人士都想试一试水。技术指标对于证券从业人员来说并不陌生,但要记住在进行投资分析时,要综合各种指标各种基本面的分析来进行考量。要切记,作为证券从业人员不可因为自己的专业而狂妄自大,藐视风险的存在,更不要在对金融知识一知半解的客户面前拿技术指标高谈阔论,糊弄投资者。任何投资者都要切记,技术指标不是万无一失的。

任务一　了解技术指标的应用法则和注意事项

任务描述

假设你是一个证券投资经理,当客户问你为什么要这样进行投资,你是怎样判断什么时候买进什么时候卖出,是该做多还是做空,有什么数据支撑;或者客户称最近听小道消息说某只股票会涨,想听听你的建议。你应该怎样回答?

让我们带着这些疑问,一起开始本任务的学习!

任务要求

了解技术指标的应用法则和注意事项,明白没有一个技术指标是完美无缺的。

任务实现

一、技术指标的产生

技术指标是指按照事先规定好的固定方法对证券市场的原始数据进行处理,处理后的结果是某个具体的数字,这个数字就是技术指标值。将连续不断得到的技术指标值制成图表,并根据所制成的图表对市场行情进行判断,这样的方法就是技术指标法。技术指标产生的主要方法之一是数学模型法,这类方法有明确的计算公式,利用原始数据,按照公式计算出技术指标值。例如,随机指标(KDJ)、相对强弱指标(RSI)、均线指标(MA)都属于这类。

二、技术指标的应用法则

技术指标的应用主要体现在以下五个方面。

(一)技术指标背离

技术指标背离是指技术指标曲线的波动方向与价格曲线的趋势方向不一致。实际应用中有顶背离(见图9-1)、底背离(见图9-2)两种表现形式。技术指标与价格背离表明价格的波动没有得到技术指标的支持。

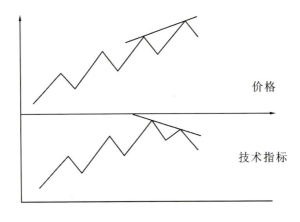

图 9-1 顶背离

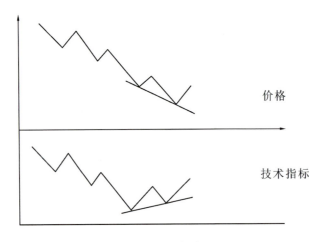

图 9-2 底背离

(二)技术指标的交叉

技术指标的交叉是指技术指标图形中的两条曲线出现了相交现象。实际应用中有两种类型的技术指标交叉。第一种交叉是一个技术指标的不同参数的两条曲线之间的交叉,也就是常说的黄金交叉(见图9-3)和死亡交叉(见图9-4)。第二种是技术指标曲线与固定的水平直线之间的交叉。技术指标的交叉表明多空双方力量对比发生了变化。

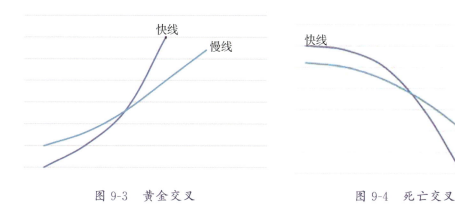

图 9-3　黄金交叉　　　　　图 9-4　死亡交叉

(三) 技术指标极端值

技术指标极端值是指技术指标的取值极其大或极其小。这样的情况被称为技术指标进入"超买区"或"超卖区"。如果技术指标值太大，说明市场的某个方面已经达到了极端的地步，应该予以重视。那么技术指标达到多大或者多小才可以被认定为极端值呢？对于同一个技术指标，不同的证券极端值可能是不同的，在实践中应结合经验和具体情况综合分析判断技术指标的极端值。

(四) 技术指标的转折

技术指标的转折是指技术指标曲线在高位或低位掉头。有时，这种掉头表明前面过于极端的形势已经走到了尽头；有时，这种掉头表明一种趋势将要结束，而另一种趋势将要开始。

(五) 技术指标的盲点

技术指标的盲点是指大部分时间里技术指标都不能发出买入或卖出的信号。这是因为技术指标在大部分时间都处于盲点的状态，只有在很少的时候才能看清市场，进而发出信号。在证券投资实践中，不能过分依赖技术指标提供的买入和卖出信号，而要综合运用多个技术指标和技术形态进行判断。

三、关于技术指标的注意事项

应用技术指标进行证券投资分析时，应注意以下事项：

1. 技术指标的适用范围和应用条件

任何技术指标都有其适用范围和应用条件，得出的结论也有成立的前提和例外。进行证券投资分析时，不管这些结论成立的前提而盲目、绝对地相信技术指标，容易导致错误的操作。每一种技术指标都有其科学的成分，我们不能因为技术指标可能被误用而完全否定其作用。

2. 多个互补性技术指标综合运用

应用一种技术指标容易出现错误，但应用多个具有互补性的技术指标，就可以极大地提高预测精度。因此，在实际操作中，投资者应综合分析多个具有互补性的技术指标，以提高预测的精度。

3. 正确处理技术指标应用中的主观因素

首先，每一种技术指标在应用过程中都存在参数选择的问题。选取的参数不同，得到的技术指标值就不同,从而会影响技术指标的应用效果。例如移动平均线(MA),在计算移动平均线指标时,天数就是移动平均线的计算参数,可以为5日、10日或者30日等,选择的参数不同,移动平均线所代表的含义和适用范围就不同。其次,指标只是一系列的客观数值,投资者需要利用这些数据对市场进行预测,由于投资者自身主观因素的差异,面对同一种技术指标,可能会得出不同的结论。

拓展阅读

同样是技术指标,为什么你看不准?

其实自诞生以来,技术分析就一直被投资者不断学习探索,因为技术分析可以很简单,简单到可以用一两条线来发出明确的买卖信号;简单到只用两种指标就可以分析行情;简单到最经典的两种技术指标系统可以适用于大部分的交易市场;简单到似乎人人都可以根据技术分析来赚钱。然而,事实真的如此吗?

市面上流传的技术分析理论、指标、形态多不胜数。个个觉得新鲜,哪个都想用,一旦所使用的分析方法不灵,就换一种;又或者只用一种分析方法,撞了南墙不回头。俗话说,兼听则明,偏信则暗,投资要注意多种技术分析方法的综合研判,切忌片面地使用某一种技术分析结果。投资者必须全面考虑各种技术分析方法对未来的预测,综合这些方法得到的结果,最终得出一个合理的多空双方力量对比的描述。

实践证明,单独使用一种技术分析方法有相当大的局限性和盲目性。如果应用多种方法后得到同一结论,那么依据这一结论出错的可能性就很小。

(资料来源:东盛财经,2020年9月22日,有改动)

巩固与练习

打开同花顺APP,以一只或多只股票为例,观察其技术指标图是否存在技术指标应用法则中所描述的情况。

任务二 均线理论分析

任务描述

技术指标分析法中均线(MA)是一种基础的、常见的技术指标,那么均线到底是什么呢?

均线怎么运用呢?

任务要求

了解均线的概念及原理,理解均线的特点,能够运用均线对股价走势或其涨跌节奏做出基础的判断。

任务实现

一、均线的概念及原理

均线又称移动平均线,所谓移动平均是指以某些天数为基础周期(如 10 天),当新的数据(如第 11 天)加入后,剔除基期最前面一天即第一天的数据,以此计算一系列的平均数的方法。移动平均线是用统计处理的方法,将一段时间内证券价格的平均值画在坐标图上所连成的曲线。相对于实际价格变动,移动平均线较平滑,能够消除不规则变动因素的影响,出现趋势与趋势的反转。

二、均线的计算

移动平均线的计算方法主要有简单的算术移动平均、加权移动平均和指数平滑移动平均。我们主要介绍简单的算术移动平均。算术移动平均其计算方法是对若干天的收盘价做算术平均,天数就是移动平均线的计算参数。例如,参数为 5 的移动平均就是连续 5 日收盘价的算术平均价格,记为 MA(5)。同理,还有 10 日线、30 日线等概念,计算公式为:

$$MA_T(n) = \{C_{T-(n-1)} + C_{T-(n-2)} + \cdots + C_{T-1} + C_T\}/n$$

式中,$MA_T(n)$ 为第 T 日参数为 n 的简单算术移动平均值;C_T 为第 T 日的收盘价。将所有的 $MA_T(n)$ 所对应的点连成一条线,就是参数为 n 的移动平均线。例如:2022 年 8 月 23 日双汇发展(000895)$MA_{23}(5)$ 是双汇发展这只股票 2022 年 8 月第 23 日参数为 5 的简单算术移动平均数(见图 9-5),在计算时应把 8 月 17 日、8 月 18 日、8 月 19 日和 8 月 22 日、8 月 23 日每日的收盘价相加除以 5。(注:8 月 20 日和 8 月 21 日为股票市场休盘时间,不开盘。)

三、均线的特点

移动平均线具有以下五个特点:

(1)追踪趋势。移动平均线能够表示价格的趋势方向,如果从价格的图表中能够找出上升或下降趋势线,那么移动平均线将与趋势线的方向保持一致,原始数据的价格图表不具备这个追踪趋势的特性。

(2)滞后性。在价格原有趋势发生反转时,由于移动平均线具有追踪趋势的特性,移动平均线的行动往往相对迟缓,掉头速度落后于大趋势。也就是说等移动平均线发出趋势反转信号时,价格掉头的深度已经很大了,这是移动平均线的一个弱点。

(3)稳定性。由移动平均线的计算可知,想要大幅度地调整它的数值是比较困难的,除非当天的价格有很大的变动,这种稳定性有优点也有缺点,投资者在应用时应多加注意,掌握好分寸。

(4)助涨助跌性。当价格突破移动平均线时,无论是向上突破还是向下突破,价格都有继续

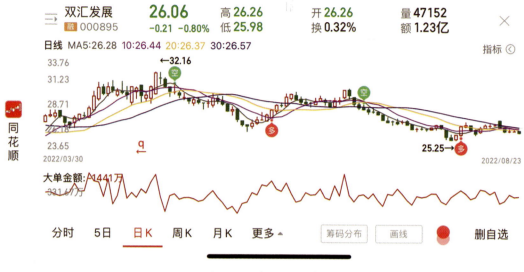

图 9-5　移动平均线

向突破方向运动的愿望。

(5)支撑线和压力线的特性。移动平均线在价格走势中能起到支撑线和压力线的作用,移动平均线被突破可以看作支撑线或压力线被突破。

四、移动平均线的应用

1. 快速移动平均线和慢速移动平均线

由于短期移动平均线较长期移动平均线更易受价格变化的影响,跟踪当前价格变化的速度更快,因此通常将短期移动平均线称为快线,将长期移动平均线称为慢线,快线和慢线是相对的概念。如对比 10 日均线和 5 日均线,则 5 日均线是快线,10 日均线是慢线;若对比 10 日均线和 30 日均线,则 10 日均线是快线,30 日均线是慢线(见图9-6)。

图 9-6　不同参数的均线

2. 黄金交叉与死亡交叉

交叉是指参数不同的两条移动平均线出现相交的形态。黄金交叉就是短期移动平均线向上交叉中期移动平均线或长期移动平均线,或者中期移动平均线向上交叉长期移动平均线,简称金叉,其预示着证券价格将继续上升;死亡交叉就是短期移动平均线向下交叉中期移动平均线或长期移动平均线,或者中期移动平均线向下交叉长期移动平均线,简称死叉,其预示着证券价格将继续下行(见图9-7)。

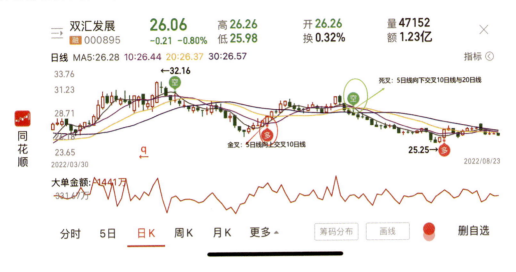

图9-7　均线的黄金交叉和死亡交叉

3.多头排列和空头排列

多头排列就是当前价格在移动平均线上方,往下依次是短期移动平均线、中期移动平均线、长期移动平均线(见图9-8),说明市场呈现出强烈的赚钱效应,做短线、中线、长线的都有赚头。这是典型的牛市形态,表明市场做多意愿强烈,预示着价格还会继续上涨。空头排列是指日K线在均线下方,往上依次分别是短期移动平均线、中期移动平均线、长期移动平均线(见图9-9),说明市场呈现出强烈的亏钱效应,做短、中、长线的都亏本,这是典型的熊市形态,表明市场做空意愿强烈,预示着价格还会继续下跌。

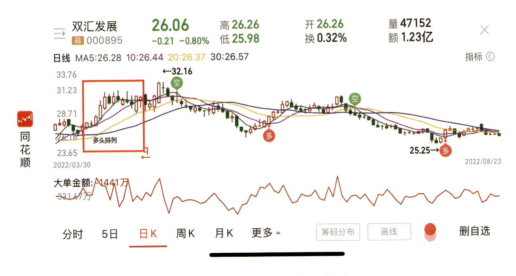

图9-8　均线的多头排列

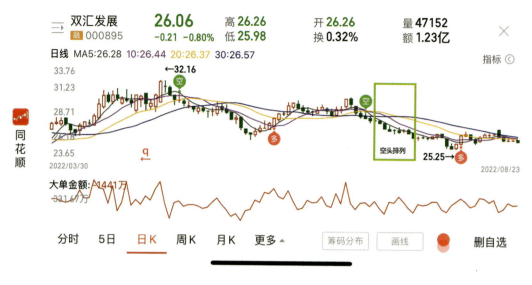

图 9-9　均线的空头排列

五、指数平滑异同移动平均线

指数平滑异同移动平均线（MACD）的设计原理是运用快速（短期）和慢速（长期）移动平均线的聚合与分离原理来判断市场趋势。MACD 在移动平均线（MA）基础上发展而来，改善了移动平均线频繁发出假信号的缺陷。MACD 的构成在不同分析软件中有所不同，一般由快线（DIFF）、慢线（DEA）、0 轴和柱状线构成。打开同花顺 APP，打开双汇发展（000895）的 K 线图横屏显示，即可见双汇发展的 MACD 趋势图，如图 9-10 所示。

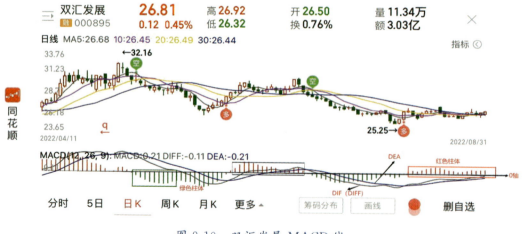

图 9-10　双汇发展 MACD 线

（一）MACD 的黄金交叉与死亡交叉

MACD 的两条曲线中，波动变化大的是 DIFF 线，通常可视为快线，相对平稳的是 DEA 线，通常可视为慢线，当 DIFF 线上穿 DEA 线时，这种技术形态就是 MACD 黄金交叉。黄金交叉通常为买入信号。但投资者还需对金叉出现的位置进行分析，当金叉出现在 0 轴上方或附近,是强烈的买入信号,0轴附近的金叉要优于0轴上方的,接近0轴说明涨势刚开始,股价将来有更大的上升空间;0轴下方的金叉表示多方力量暂时占上风,但上涨行情还没有完全展开,因此介入会有一定的风险。如果金叉出现的同时,伴随着成交量的逐渐放大,代表着多方力量的增强,此时看涨信号更可靠。

当DIFF线下穿DEA线时,这种技术形态就是MACD的死亡交叉,通常视为卖出信号。同样地,投资者也需对死叉出现的位置进行分析,MACD死叉出现在0轴上方的高位是强烈的卖出信号。在高位说明涨势已经见顶,股价很可能转势,此时若买入风险大,最好卖出。MACD死叉出现在0轴下方或接近0轴表示空方力量暂时占上风,但是下跌行情还没有完全展开,此时介入会有一定风险。如果死叉出现的同时伴随着成交量的逐渐放大,代表着空方力量的增强,此时看跌信号更可靠。

MACD的黄金交叉与死亡交叉如图9-11所示。

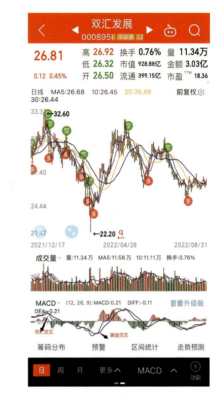

图9-11 MACD的黄金交叉与死亡交叉

(二)MACD上穿或下穿0轴

股价前期大幅下跌后持续上涨,或者股价低位回调到位后再次上行,MACD指标由下而上穿过0轴,即MACD指标由负变正,说明多方力量逐渐强大并开始占据优势,预示股价在短期内将逐步走强,股市正由空头转为多头,股价很可能将由跌转升进入上升行情中。例如,MACD线经过前期的下跌走平已经显示出下降无力、止跌回升的态势,绿色柱越来越小,逐步消失,转为红色柱,此时又出现了黄金交叉的形态,即DIFF(DIF)线上穿DEA线,两线一起突破0轴,这是强烈的买入信号,投资者应该抓住这难得的机会,果断买入,如图9-12所示。

MACD由上而下穿过0轴说明股价走势由强转弱,MACD经过前期的高点,已经显示出下降的趋势,红色柱越来越小,逐步消失,转为绿色柱,此时若出现了死亡交叉的形态,即DIFF(DIF)线下穿DEA线,并且两线一起向下跌破0轴,此时投资者就应该抓住时机卖出。

(三)MACD背离

MACD的背离分为顶背离和底背离。

1. 顶背离

当股价在K线图上的走势一峰比一峰高,股价一直在上涨,而MACD指标图形上由红柱构成的图形走势一峰比一峰低,这是顶背离。当股价创出新一轮的高价,MACD的两线并未超过前期的高点,此时表示上涨动力不足。具体表现为DIFF线上穿DEA线,金叉后出现第一波高点,然后DIFF线下穿DEA线出现死叉,MACD出现绿色柱子,之后绿色柱子又逐步减小,DIFF线再次上穿DEA线,金叉之后见第二波上涨的高点,但此时DIFF线与DEA线并未像K

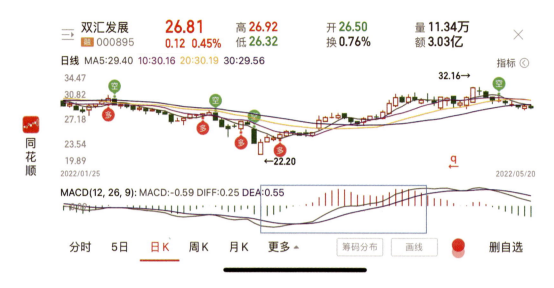

图 9-12　MACD 上穿 0 轴

线一样超过前期的高点,这就是强烈的卖出信号。

2.底背离

底背离一般出现在股价的低位区,当股价在下跌过程中出现一轮又一轮的新低时,MACD指标图形在 0 轴以下反而呈现出一轮又一轮的上扬态势,即股价的低点比前一次低点低,而指标的低点却比前一次的低点高,这是底背离现象。当股价创出新一轮低点的时候,MACD 的两线并未低于前期的低点,此时表示下跌动力不足。具体表现为 DIFF 线下穿 DEA 线,死叉后见第一波下跌的低点,然后 DIFF 线上穿 DEA 线出现金叉,MACD 出现红色柱,之后红色柱逐渐减小,DIFF 线再次下穿 DEA 线,死叉后见第二波下跌的低点,此时,DIFF 线和 DEA 线并不像 K 线一样低于前期的低点,这是强烈的买入信号,投资者可以适时建仓。

> **拓展阅读**
>
> **葛南维移动平均线八大法则**
>
> 在移动平均线中,葛南维八大买卖法则可谓其中的精华,历来的平均线使用者无不视其为技术分析中的至宝。八大法则中的四条是用来研判买进时机,四条是研判卖出时机。总的来说,移动平均线在股价之下,而且又呈上升趋势时是买进时机;反之,平均线在股价之上,又呈下降趋势时则是卖出时机。葛南维八大买卖法则与波位如图9-13 所示。
>
> 一、买进信号
>
> (1)移动平均线从下降逐渐走平且略向上方抬头,而股价从移动平均线下方向上方突破,为买进信号。
>
> (2)股价位于移动平均线之上运行,回档时未跌破移动平均线又再度上升时为买进时机。

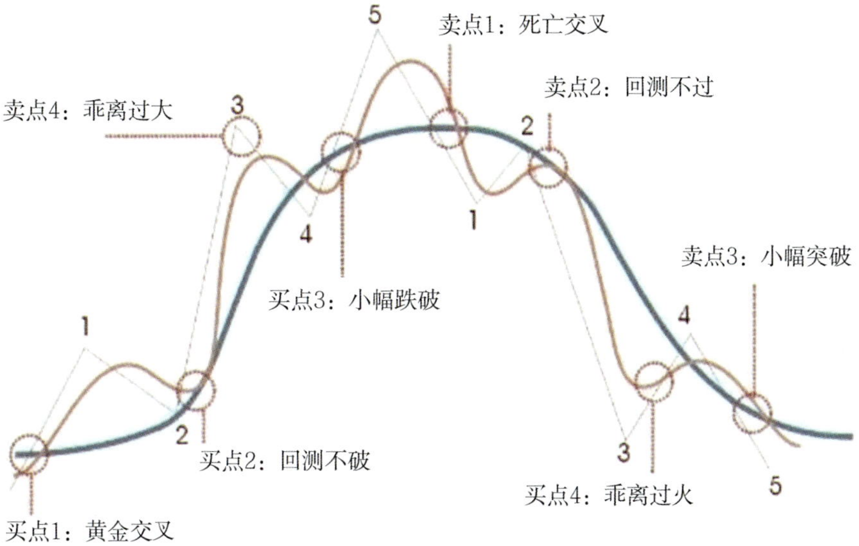

卖点1：死亡交叉
卖点4：乖离过大
卖点2：回测不过
卖点3：小幅突破
买点3：小幅跌破
买点2：回测不破
买点4：乖离过火
买点1：黄金交叉

图 9-13　葛南维移动平均线八大法则

（3）股价位于移动平均线之上运行，回档时跌破移动平均线，但长期移动平均线继续呈上升趋势，此时为买进时机。

（4）股价位于移动平均线以下运行，突然暴跌，距离移动平均线太远，极有可能向移动平均线靠近，此时为买进时机。

二、卖出信号

（1）股价位于移动平均线之上运行，连续数日大涨，离移动平均线愈来愈远，说明近期内购买股票者获利丰厚，随时都会产生获利回吐的卖压，应暂时卖出持股。

（2）移动平均线从上升逐渐走平，而股价从移动平均线上方向下跌破移动平均线时说明卖压渐重，应卖出所持股票。

（3）股价位于移动平均线下方运行，反弹时未突破移动平均线，且移动平均线跌势减缓，趋于水平后又出现下跌趋势，此时为卖出时机。

（4）股价反弹后在移动平均线上方徘徊，而移动平均线却继续下跌，宜卖出所持股票。

巩固与练习

1. 打开同花顺 APP，找到一只股票的均线图，下载图形，标明 5 日线、10 日线、20 日线与 30 日线，并贴于下面空白处。

2. 打开同花顺APP,找到一只股票或多只股票的MACD图,下载图形,标明黄金交叉和死亡交叉,并贴于下面空白处。

3. 打开同花顺APP,找到一只股票或多只股票的均线图,下载图形,标明多头排列和空头排列,并贴于下面空白处。

任务三　相对强弱指数分析

任务描述

在证券投资过程中,一些投资者较偏向于中短期投资,相对强弱指标就是目前证券市场技术分析中比较常用的中短线技术指标。那么相对强弱指数是什么呢?

任务要求

掌握相对强弱指数的概念原理和基本应用,能够运用相对强弱指数判断股票趋势。

任务实现

一、相对强弱指数的概念及原理

相对强弱指数(relative strength index,RSI)又叫力度指数,由威尔斯·威尔德所创造,是证券市场技术分析中比较常用的中短线技术指标。

RSI是根据证券市场上供求关系平衡的原理,通过对比一段时期内证券价格的涨跌幅度或指数的涨跌幅度来判断市场上多空双方力量的强弱程度,从而判断未来市场走势的一种技术指标。

RSI是买卖力量的对比在数值指标上的体现,投资者可根据其反映的行情变动情况及轨迹来预测未来证券价格走势,在实践中可将其与移动平均线配合使用,借以提高行情预测的准确性。

双汇发展RSI线如图9-14所示。

图9-14 双汇发展RSI线

二、相对强弱指数的计算

RSI的计算方法有两种,我们主要介绍其中一种比较简单的。假设A为n日内收盘价价差的正数之和,B为n日内收盘价价差的负数之和的绝对值,这样A和B均为正,将A、B代入计算公式中:

$$RSI(n)=[A/(A+B)]\times100$$

相对强弱指数,实际上是将n日内价格上涨幅度的总和作为多方力量的代理指标,将n日内下跌幅度的总和作为空方力量的代理指标,通过比较这两个汇总的波动幅度去衡量多空双方力量,从而预测未来的正确价格走势。

三、相对强弱指数的应用

(一)RSI的取值

RSI的变动范围为0至100,一般分布在20至80之间,现将RSI的取值与投资操作原则归纳在表9-1中。

表9-1 RSI的取值与投资操作原则

RSI值	市场特征	投资操作
80~100	极强	卖出
50~80	强	买入
20~50	弱	卖出
0~20	极弱	买入

(二)RSI 的交叉

RSI 分析一般将不同参数的 RSI 曲线结合使用。参数相对较小的视为短期 RSI,参数相对较大的视为长期 RSI。短期 RSI 大于长期 RSI 为多头市场,反之为空头市场。短期 RSI 在 20 以下超卖区内,从下往上穿越长期 RSI 为买进信号。短期 RSI 在 80 以上超买区内,从上往下穿越长期 RSI,为卖出信号。

(三) RSI 的形态

RSI 在高位或低位盘整时所出现的各种形态也是判断行情、指导买卖行为的重要依据。RSI 曲线在高位(50 以上)形成 M 头或三重顶等高位反转形态(见图 9-15),意味着证券价格的上升动能已经衰竭,价格有可能出现长期反转行情,投资者应及时卖出证券。如果证券价格曲线也出现同样的形态,则更可确认。RSI 曲线在低位(50 以下)形成 W 底或者三重底等低位反转形态,意味着证券价格的下跌动能已经减弱。价格有可能构筑中长期底部,投资者可逢低分批建仓。如果证券价格曲线也出现同样的形态,则更可确认。

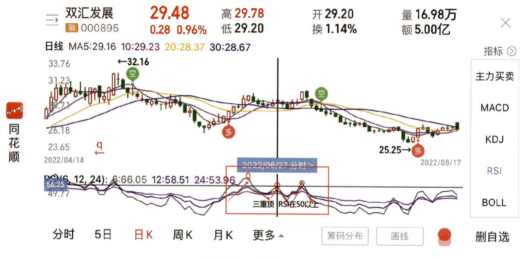

图 9-15　RSI 三重顶

(四)RSI 与价格走势背离

RSI 与价格走势的背离是指 RSI 曲线的走势和证券价格 K 线图的走势方向正好相反。我们之前说过,背离分为顶背离和底背离两种。当顶背离发生时,RSI 处于高位,形成一峰比一峰低的走势,而此时 K 线图上的证券价格再次创出新高,形成一峰比一峰高的走势。顶背离一般是证券价格在高位即将反转的信号,表明价格短期内即将下跌,是卖出信号。RSI 的底背离一般出现在 20 以下的低位区,当 K 线图上的证券价格一路下跌,形成一波比一波低的走势,而 RSI 线上的低位率先止跌企稳,形成一底比一底高的走势,一般预示着证券价格短期内可能反弹,是短期买入的信号。

> **拓展阅读**
>
> **强势上涨启动点：RSI 指标与均线 MA 组合实战应用**
>
> RSI 指标应用：RSI 指标属于摆动类技术指标，同时又具有强弱属性，数值为 0 到 100 之间，50 轴为强弱分界线，50 轴上方为强势区域，50 轴下方为弱势区域。
>
> 均线 MA 指标应用：均线 MA 属于趋势类指标，主要用来判别市场趋势方向，这里主要用到的是 10 日均线；当 10 日均线方向为上行，则表示为短期上涨趋势，相反表示为短期下降趋势。
>
> RSI 指标与均线 MA 组合理由：13 日均线向上排列，保证的是价格短期呈现上升趋势，并非所有的上升趋势都是强势拉升阶段，中途会出现调整和缓涨，此时借助相对强弱指标 RSI，可以抓住强势阶段行情，两个指标进行组合共振，往往是价格强势启动上涨时机。
>
> RSI 与 MA 组合应用技巧：①13 日均线由下降或水平转折向上，方向为上行；②RSI 指标数值上穿 50 轴进入强势区域，表示当前属于强势阶段；③成交量出现明显的放量，表示当前买入量较大，对后市看涨意愿较为强烈。
>
> 如图 9-16 所示为彩虹集团 2022 年 9 月 20 日 K 线，10 日均线由水平转折向上，同时 RSI 指标从弱势区上穿 50 轴进入强势区，短期 RSI 向上穿越长期 RSI，形成黄金交叉，短期价格出现强势上涨，配合成交量出现阶段性放量，行情出现爆发性上涨。
>
>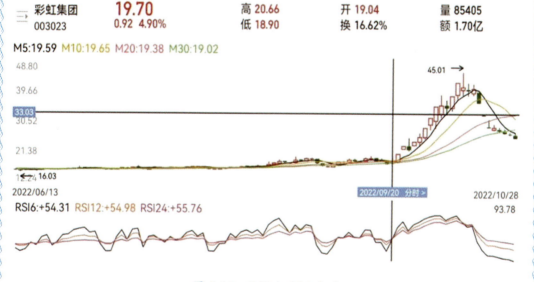
>
> 图 9-16 RSI 与 MA 组合
>
> 技术分析的意义在于通过现状来把握未来，而大多数散户却省去了这个过程阶段，没有过程就没有结果。

巩固与练习

1. 打开同花顺 APP，找到一只股票的 RSI 图，下载图形，标明不同参数的 RSI 曲线，并贴于下面空白处。

2. 打开同花顺 APP，找到一只股票或多只股票的 RSI 图，下载图形，标明 M 头或三重顶，并结合均线进行分析。

3. 打开同花顺 APP，找到一只股票或多只股票的 RSI 图，下载图形，标明 W 底或三重底，并结合均线进行分析。

任务四　威廉指数分析

任务描述

在证券投资过程中，投资者在判断行情趋势之后，将来某时刻会做出买入或是卖出的决定，但短期内股价依然会波动，短期内投资者该怎样决定买卖时机呢？威廉指数就适用于这类分析，让我们一起来学习。

任务要求

掌握威廉指数的概念原理和基本应用,能够运用威廉指数判断股票买卖时机。

任务实现

一、威廉指数的概念及原理

威廉指数又称威廉超买超卖指数,可简单记为 WR。威廉指数主要用于研究股价的波动,通过分析股价波动变化中的波峰与波谷决定买卖时机。威廉指数利用震荡点来反映市场的超买超卖现象,可以预测震荡周期内的高点与低点,从而显示出有效的买卖信号,是用来分析市场短期行情走势的技术指标。

威廉指数线如图 9-17 所示。

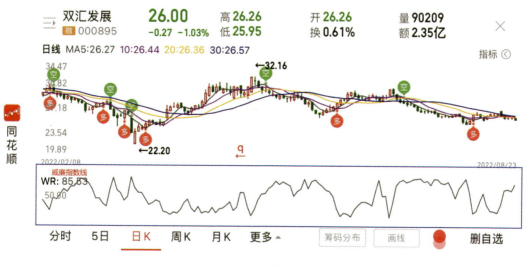

图 9-17 威廉指数线

二、威廉指数的计算

威廉指数是利用摆动点来度量股市的超买超卖现象,可以预测循环期内的高点或低点,从而发出投资信号,其计算公式为:

$$WR = 100 - (C - L_n)/(H_n - L_n) \times 100$$

公式中的 C 为当日收盘价,L_n 为 n 日内最低价,H_n 为 n 日内最高价,n 日为参数。

三、威廉指数的应用

威廉指数计算出的指数值在 0 至 100 之间波动,但与相对强弱指数和接下来任务五中要介绍的随机指标不同的是,威廉指数的值越小,市场中多方力量越大,超买严重,应当卖出;反之,威廉指数值越大,表明超卖严重,可以考虑买入。应用威廉指数时,一般采用以下几点基本法则:

(1)当威廉指数线达到 80 时,市场处于超卖状态,股价走势随时可能见底。因此,80 的横线一般称为买进线,投资者可以伺机买入;相反,当威廉指数线达到 20 时,市场处于超买状态,股价可能即将见顶,20 的横线被称为卖出线。

(2)受股市走势变化的影响,一般在超买后还可以再超买,超卖后亦可以再超卖,因此,当进入超买或超卖区时,股票行情的趋势不是立刻扭转掉头。只有确认威廉指数线有明显的转向之后方为确定的买卖信号。

(3)用威廉指数时最好能够同时使用相对强弱指数配合验证。

双汇发展威廉指数线如图 9-18 所示,同期 RSI 线如图 9-19 所示。

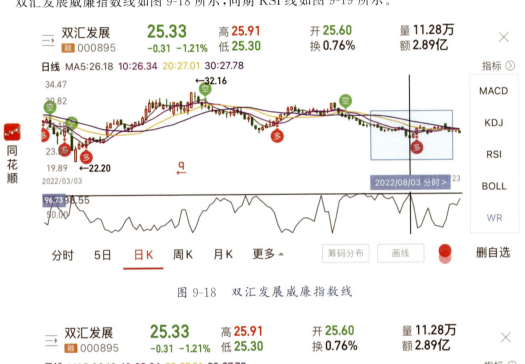

图 9-18 双汇发展威廉指数线

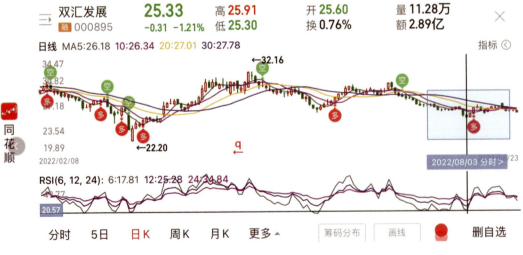

图 9-19 双汇发展同期 RSI 线

拓展阅读

威廉指标始创人的过人之处在哪里？

威廉指标属于逆向指标,该指标由拉里·威廉斯发明。拉里·威廉斯是当今美国著名的股票及商品期货交易员、作家及政治家,曾在蒙大拿州两次竞选国会议员,但最终落选。虽于政坛失意,但在股市却光芒四射,他于1987年在罗宾斯杯期货交易冠军赛中夺得总冠军,创下不足12个月将1万美元增值至110万美元的纪录,回报率高达109倍。

据悉账户曾一度逼近200万美元,却因其后数笔交易失利,令账户仅剩下75万美元,较高峰期减少达62%。凭着谨慎行事的个性,逐步收复失地,最终结余仍达110万美元,仍取得惊人回报率,至今未被刷新。不过他在创下如此辉煌的战绩前,早已在美国股坛成名,在1973年出版其著作《我如何赚得一百万》,首度发布威廉指标,用来评估股指或个股当时是否处于超买或超卖状态,所以威廉指数又称威廉超买超卖指数。

威廉斯认为,一个成功的分析系统可以把握有潜力的股票及买卖股票的最佳时机。

巩固与练习

1. 打开同花顺APP,在市场中找出一只符合威廉指数买进情况的股票,请附图并说明原因。

2. 打开同花顺APP,在市场中找出一只符合威廉指数卖出情况的股票,请附图并说明原因。

任务五　随机指标分析

任务描述

在证券投资过程中,面对众多技术指标,是否有一种指标融合了某几种指标的优点,能够更加迅速、快捷、直观地对股票甚至其他金融产品(如期货)进行研判呢？

任务要求

掌握随机指标的概念原理和基本应用,能够运用随机指标判断股市行情。

任务实现

一、随机指标的概念及原理

随机指标(KDJ)是由乔治·蓝恩博士提出的,最开始被用于期货市场的分析,后被广泛用于股票市场的中短期趋势分析,是期货和股票市场上最常用的技术分析工具之一。随机指标利用价格波动的幅度来反映价格走势的强弱和超买超卖现象,主要是研究最高价、最低价和收盘价之间的关系,同时也融合了动量观念、强弱指标和移动平均线的一些优点,因此能够比较迅速、快捷、直观地对行情进行研究判断。打开同花顺 APP,打开目标公司的 K 线图,点击"指标"图标,再点击"KDJ",即可见该股票的 KDJ 线,如图 9-20 所示。

图 9-20　KDJ 线

二、随机指标的计算方法

随机指标首先要计算周期内（n 日、n 周等）的未成熟随机值（RSV），然后要计算 K 值、D 值、J 值等。从数学的观点来看，K 值是未成熟随机值的移动平均值，而 D 又是 K 的移动平均值。因此，K 和 D 之间也具有移动平均线的快线和慢线的性质。J 值实际上是反映 K 值和 D 值的乖离程度，从而领先 K、D 值找出头部或底部。最早的随机指标只有两条线，即 K 线和 D 线，随着证券市场分析技术的发展，KD 指标逐渐演变成 KDJ 指标，从而提高了随机指标反映行情的能力。随机指标的计算比较复杂，就不在此赘述了。

三、随机指标的应用

随机指标是三条曲线，其研判标准，主要从随机指标的取值、随机指标曲线的形态、随机指标曲线的交叉、随机指标曲线与价格的背离等几个方面来考虑。

（一）随机指标的取值

在随机指标中，K 值和 D 值的取值范围都是 0 至 100，而 J 值的取值范围可以超过 100 或低于 0。但在分析软件中，随机指标的研判范围都是 0 至 100。就敏感性而言，J 值最强，K 值次之，D 值最弱；就安全性而言，J 值最差，K 值次之，D 值最好。根据随机指标的取值，可将其划分为几个区域，即超买区、超卖区、徘徊区。按一般划分标准，K、D、J 值在 20 以下为超卖区，是买入信号；K、D、J 值在 80 以上为超买区，是卖出信号。这种操作很简单，但容易出错，从而招致损失，因此需要结合市场的具体情况和其他分析工具进行具体分析。在多空双方力量判断时，当 K、D、J 值都在 50 附近时，表示多空双方力量均衡；当 K、D、J 值都大于 50 时，表示多方力量占优；当 K、D、J 值都小于 50 时，表示空方力量占优。

（二）随机指标曲线的形态

随机指标曲线在 50 上方的高位，如果曲线的走势形成 M 头或三重顶等顶部反转形态（见图 9-21），就预示着证券价格可能会由强势转为弱势，价格即将大跌，应及时卖出。如果价格曲线也出现同样的形态，则更可确认。

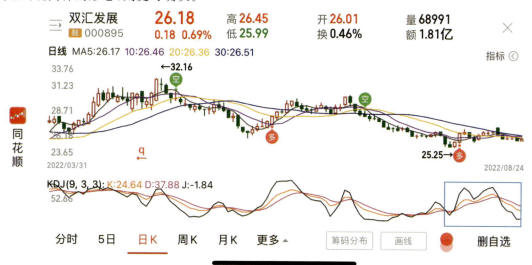

图 9-21　KDJ M 头

随机指标曲线在 50 下方的低位,如果曲线的走势出现 W 底或三重底等底部反转形态,就预示着证券价格可能会由弱势转为强势,价格即将反弹向上,可以逢低少量分批吸纳。如果价格曲线也出现同样的形态,则更可确认。

(三)随机指标曲线的交叉

随机指标曲线的交叉分为黄金交叉和死亡交叉两种形式。当证券价格经过很长一段时间的低位盘整行情,并且 K、D、J 三线都处于 50 以下时,一旦 J 线和 K 线几乎同时向上突破 D 线,表明证券市场即将转强,价格跌势已经结束,将止跌向上,可以开始买进证券进行中长线建仓,这就是随机指标曲线的黄金交叉的形式。当证券价格经过很长一段时间的上升行情后,价格涨幅已经很大,一旦 J 线和 K 线在高位(80 以上)几乎同时向下突破 D 线,表明市场即将由强势转为弱势,价格将大跌,可以卖出大部分证券,这是随机指标曲线的死亡交叉形式,如图 9-22 所示。

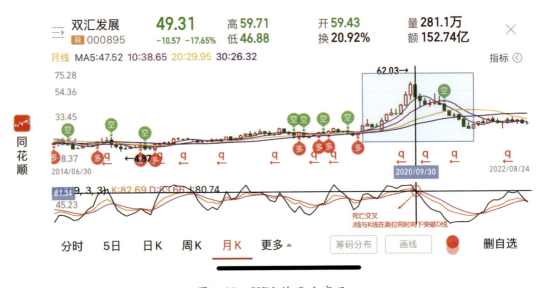

图 9-22　KDJ 的死亡交叉

(四)随机指标曲线与价格走势的背离

随机指标曲线与价格走势的背离是指随机指标曲线图的走势方向和 K 线图的走势方向正好相反。当证券价格 K 线图上的走势一峰比一峰高,即价格一直向上涨,而随机指标曲线的走势在高位一峰比一峰低,这是顶背离现象,如图 9-23 所示。顶背离一般是证券价格将高位反转的征兆,价格短期内将下跌,是卖出的信号。

当证券价格 K 线图上的走势,一峰比一峰低,即价格一直在向下跌,而随机指标曲线的走势在低位一底比一底高,这是底背离现象,如图 9-24 所示。底背离一般是价格将低位反转的征兆,表明价格短期内将上涨,是买入信号。

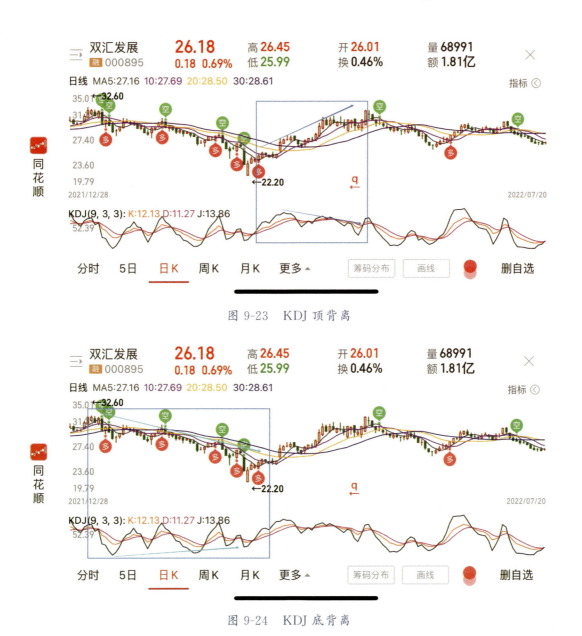

图 9-23　KDJ 顶背离

图 9-24　KDJ 底背离

> **拓展阅读**
>
> 技术分析的争论
>
> 　　对技术分析有赞成和反对两种观点。相当多的投资人相信技术分析方法,甚至有一些人迷信技术分析方法,他们认为技术分析发出的买卖信号是投资者共同作用的结果。

反对技术分析的人却认为技术分析与占星术一样,都貌似科学,少数技术分析专家对市场偶尔预测正确,只是因为幸运女神的青睐。而且,在投资市场上,少数机构投资人或专业投资人利用其他投资人迷信技术分析数据、图表的心理,借助其资金量庞大的优势,故意抬拉或打压股价,致使技术指标或图形发出虚假的买入或卖出信号(技术分析上称这种信号为"骗线"),引诱投资人大量买进或卖出,达到他们派发筹码或低吸筹码的目的。上述股价操纵行为会导致投资交易市场的信息严重不对称,极大地扰乱投资人的判断,降低中小投资人使用技术分析得到正确结论的概率。

我们认为技术分析的基础是对投资人的心理和行为的刻画,而投资人的心理和行为对股票价格变动尤其是短期价格变动有着重要影响,因而不能否定技术分析有一定的科学性,尤其当基本面信息不完整或不正确时,技术分析显得更有效。但投资人心理和行为的本质极难量化,机械套用技术分析结论也会经常出现偏差,所以又不能迷信技术分析方法。

巩固与练习

1. 打开同花顺 APP,在市场上找出一只股票 K 线图,符合 KDJ 指标买进的情况,请附图并说明原因。

2. 打开同花顺 APP,在市场上找出一只股票 K 线图,符合 KDJ 指标卖出的情况,请附图并说明原因。

3. 打开同花顺 APP，在市场上找出一只股票，符合 KDJ 线与证券价格 K 线图顶背离的情况，并附图。

4. 打开同花顺 APP，在市场上找出一只股票，符合 KDJ 线与证券价格 K 线图底背离的情况，并附图。

项目十
证券投资风险与防范

ZHENGQUAN TOUZI SHIWU

项目十 证券投资风险与防范

本项目主要介绍证券投资风险的基本概念及证券投资风险的识别与管理,帮助投资者科学管理证券投资风险。

学习目标

1. 了解证券投资风险的类型,理解证券投资各种风险的含义;
2. 能够遵循正确的证券投资原则进行投资组合管理;
3. 掌握证券投资风险的防范技巧。

职业素养点拨

投资有风险,入市需谨慎

每年的3月15日是消费者权益日,每年的5月15日是全国投资者保护宣传日,我国证券监督管理委员会无时无刻不在致力于保护投资者的合法权益不受侵害,但投资者的资金遭到损失的情况时有发生。"投资有风险,入市需谨慎"这句话证券市场的投资者们已然耳熟能详了,但一些投资者尤其是个人投资者对什么是风险、风险的种类,大多一知半解,甚至有些投资者在投资时将运气作为是否发生风险的唯一因素去考虑,亏损之后也未能做出科学合理的反思。因此认识和识别证券投资风险,遵循正确合理的证券投资原则,掌握基本的风险防范技巧,是每一个合格证券投资者,也是每一个合格证券从业者的必修课。

任务一 认识证券投资风险

任务描述

假设你是某证券公司客户经理,你的客户选择了一只股票准备进行投资,想听听你的建议,你应该怎么说、怎么做呢?这款产品是否适合该投资者?怎样向客户进行风险揭示?让我们带着这些疑问,一起开始本任务的学习!

任务要求

了解证券投资风险的基本概念、分类,为后续学习打下坚实的基础。

任务实现

一、证券投资风险概述

证券投资是一种风险性投资。一般而言,风险是指投资者获得的实际收益与预期收益的偏差,或者说是证券投资收益的不确定性。证券投资的风险是指证券预期收益变动的可能性及变动幅度。在证券投资活动中,投资者投入一定数量的本金,目的是希望能得到预期的回报。从时间上看,投入本金是当前行为,其数额是确定的,而取得收益是在未来。在持有证券的这段时间里,有很多因素可能使预期收益减少甚至使本金遭受损失,因此,证券投资的风险是普遍存在的。

二、证券投资的风险种类

与证券投资相关的所有风险称为"总风险",按照是否可以被分散,分为系统风险和非系统风险。

(一)系统风险

系统风险是指由某种全局性的因素引起的投资收益的可能性变动,且这种因素以同样的方式对所有证券的收益产生影响。在现实生活中,所有企业都会受到全局性因素的影响,这些因素包括社会、政治、经济等各个方面。由于这些因素来自企业外部,是企业自身无法抗拒和回避的,因此又叫不可回避风险。这些共同的因素会对所有企业产生不同程度的影响,不能通过多样化投资而分散,因此又称为不可分散风险。系统风险包括政策风险、经济周期性波动风险、利率风险和购买力风险。证券投资者在面对这些风险时要明白大势所趋,懂得尊重市场,学会适应市场。

1. 政策风险

政策风险是指政府有关证券市场的政策发生重大变化,或是有重要的举措、法规出台,引起证券市场波动,从而给投资者带来的风险。政府对本国证券市场的发展通常有一定的规划和政策,用于指导市场的发展和加强对市场的管理。政府关于证券市场发展的规划和政策应该是长期稳定的,在规划和政策既定的前提条件下,政府应运用法律手段、经济手段和必要的行政手段,引导证券市场健康、有序地发展。但是在某些特殊的情况下,政府也可能会改变发展证券市场的战略部署,出台一些扶持或抑制市场发展的政策,制定出新的法规或交易规则,从而改变市场原先的运行轨迹。一般来说,证券市场在发展初期,往往会受到较多政策手段干预。总之,证券市场政策是政府指导、管理整个证券市场的手段,一旦出现政策风险,几乎所有的证券都会受到影响,因此政策风险属于系统风险。

2. 经济周期性波动风险

经济周期是指社会经济阶段性的循环和波动,是经济发展的客观规律。经济周期的变化决定着企业的景气,因而从根本上影响着证券行情的变动趋势。经济周期性波动风险是指证券市场行情随经济周期变动而引起的风险,这种行情变动是长期趋势的改变,而不是指证券价格日常的波动。证券行情随经济周期的循环而起伏变化,总体趋势可分为看涨市场(又称多头市场或牛市)与看跌市场(又称空头市场或熊市)两大类型。对于看涨市场,随着经济回升,证券价格趋于从低谷逐渐回升,交易量扩大,交易日渐活跃。在经济回升的阶段,证券价格持续上升并可维持较长一段时间。看跌市场,从经济繁荣的后期开始伴随着经济衰退,证券价格从高点开始一直呈下跌趋势,并在达到某个低点时结束。要注意,看涨市场和看跌市场是指股票行情变动的大趋势,牛市熊市周而复始。

3. 利率风险

利率的变动一般从两个方面影响证券价格。一是资金流向。当市场利率提高时,会吸引一部分资金流向银行储蓄、商业票据等其他金融资产,减少对证券的投资需求,使证券价格下降;当市场利率下降时,一部分资金又会流回证券市场,增加对证券的投资需求,从而刺激证券价格上涨。二是公司利润。利率提高,公司融资成本提高,在其他条件不变的情况下,成本增加导致净利润下降,派发股利减少,引起股票价格下降;利率下降,融资成本下降,净利润和股息相应增加,股票价格也上涨。利率风险对不同证券的影响程度是不同的,对于一些长期固定收益证券(如长期债券),利率风险是其主要风险,利率与债券价格成反比。

4. 购买力风险

购买力风险又称通货膨胀风险,是指通货膨胀、货币贬值、货币购买力下降给投资者带来的实际收益水平下降的风险。购买力风险对不同的证券影响是不同的。其中受影响最大的是固定收益证券,如优先股、债券。因为它们的名义收益率是固定的,当通货膨胀上升时,其实际收益率就会下降,所以固定利率和股息率的证券购买力风险较大。同样,长期债券的购买力风险比短期债券大,浮动利率债券或保值贴补债券的购买力风险则比固定利率债券要小。一般来说,普通股股票的购买力风险相对较小,当通货膨胀发生时,由于公司产品价格上涨,股份公司的名义收益会增加。特别是当公司产品价格涨幅大于生产费用的涨幅时,公司净盈利增加,能分配给股东的股息就会增加,股票价格也会随之提高,普通股股东可从中得到较高收益,从而一定程度上减少通货膨胀带来的损失。

5. 政治风险

稳定的社会政治环境是经济正常发展的基本保证,倘若一国政治局势出现大的变化,如政府更迭、国内出现动乱、对外政治关系发生危机,证券市场会相应做出反应。

(二)非系统风险

非系统风险指的是只对某个行业或个别公司的证券产生影响的风险。这种因行业或企业自身因素改变而带来的证券价格变化,与其他证券的价格、收益没有必然的内在联系。非系统风险是可以通过多元化投资分散的,因此又称为可分散风险。非系统风险主要包括信用风险、经营风险、财务风险。

1. 信用风险

信用风险又称违约风险,是指借款人、证券发行人或交易对方因种种原因不愿或无力履行合同条件而构成违约,致使银行、投资者或交易对方遭受损失的可能性。债券、优先股、普通股都可能存在信用风险,只是程度有所不同。证券投资者在进行投资时,需对证券的信用风险进行考察评估。一般来说,投资者可参考证券信用评级的结果,信用级别高的证券信用风险小,信用级别低的证券违约的可能性大。

2. 经营风险

经营风险是指由于公司经营管理方面的原因(如:公司内部决策失误,产品更新换代和技术革新失败等)致使投资者实际收益率偏离预期收益率的风险。经营风险是普通股持有者面临的主要风险。公司盈利的变化既会影响股息收入又会影响股价,当公司盈利增加时,股息增加,股价上涨;当公司盈利减少时,股息减少,股价下降。经营风险对优先股的影响小些,因为优先股的股息率是固定的,因此盈利水平的变化对价格的影响有限。债券的还本付息受法律保护,除非公司破产清算,一般情况下不受其经营状况的影响。但是,公司盈利的变化同样可能使该公司债券的价格产生变动。因为公司盈利增加则公司的债务偿还能力增强,信用提高,债券价格也会相应上升。

3. 财务风险

财务风险是指公司财务结构不合理、融资不当而导致投资者预期收益下降的风险。现代企业的经营方式多为负债经营,这在自有资本不足的情况下也可以通过借贷资金来实现盈利。股份公司在运营中融通资金的方式主要有发行股票、银行贷款、发行企业债券等,特别是贷款和发债时利息负担是一定的。如果公司债务在资金总量中占比过大,高负债经营或是公司的资金利润率不能超过融资利率,则可分配利润是会减少的,股东享受股息的权利是没有保障的,这时股票投资的财务风险增加。因此,公司融资所产生的杠杆作用犹如一把双刃剑,当融资产生的利润高于债息率时,给股东带来的是收益增长的效应,反之则是收益减少的财务风险。

对于系统与非系统风险,投资者应多学习证券市场投资知识,多了解、分析和研究宏观经济形势及上市公司经营情况等,增强风险防范意识,掌握风险防范技巧,提高风险抵御能力。

三、证券投资风险与收益的关系

收益和风险是证券投资的核心问题,投资者的投资目的是获得收益,但与此同时又不可避免地面临着风险,证券投资的理论和分析始终都是围绕着如何处理这二者的关系而展开的。一般来说,风险较大的证券收益率相对较高;反之,风险较小的投资对象,收益率相对也较低。但是,绝不能认为风险越大,收益就一定越高,因为我们以上分析的风险是客观存在的风险,它不包括投资者主观上的风险。如果投资者对证券投资缺乏正确的认识,盲目入市,追涨杀跌、操作不当等,只能得到高风险、低收益的结果。

由于投资者是投资在前,获得收益在后,因此投资者在进行投资决策时只能根据现有的数据对各种资产的盈利能力、资产价格的变化等有关信息进行分析,从而对今后可能得到的收益进行估计。收益以风险为代价,风险用收益来补偿,因此投资者希望得到的必要收益率应是建立在无风险利率和风险补偿基础上的,用公式表示即为:

$$预期收益率 = 无风险利率 + 风险补偿$$

这里的无风险利率是指把资金投资于某一种没有任何风险的投资对象时能获得的利息率(收益率)。现实生活中,不可能存在没有任何风险的理想证券,但可以找到某种收益变动极小的证券来代替。例如,国库券是最稳定的投资品种,国库券由国家政府发行,国家政府有征税权和货币发行权,因此国库券还本付息有可靠保障,信用风险和财务风险发生的可能性极低。因此,一般把国库券当作无风险证券,把国库券的利息率当作无风险收益率。假设投资的是公司债券,风险就会上升,但是相应的投资收益也增加了不少。股票是投资收益相对较高的证券品种之一,俗话说高收益伴随着高风险,有着较高的收益,必定有较高的风险,投资者如果购买股票,一般来说,投资者就会期望能够获得比投资国库券要高的收益,高于国库券收益率的这部分就是对风险的补偿。

拓展阅读

证券交易过程中的风险

除了证券投资的系统风险和非系统风险,证券交易过程风险也是投资者需要关注的。投资者在进行证券交易的过程中应注意以下几点,学会自我保护,尽可能地降低证券交易过程中的风险。

(1)选择一家信誉好的证券公司。

(2)为保护自己的合法权益,投资者需与证券公司签订有关协议,投资者在与证券公司签订协议时,要先了解协议的内容。

(3)认真核对交割单和对账单。

(4)妥善保管开户时的相关证件和交易资料,以防发生信息泄露,防止股票被盗卖和资金被冒提。

巩固与练习

1. 进入中国证券监督管理委员会官方网站(网址:http://www.csrc.gov.cn/)专题专栏页面,浏览非法证券期货风险警示部分,选一个你最感兴趣的案例进行研读,写出心得体会。

2. 进入同花顺APP,选择一家你感兴趣的上市公司,打开该公司最近一年度的年度报告,对其经营风险和财务风险进行初步分析诊断。

股票名称:

经营风险:

财务风险:

3. 打开同花顺APP,在首页左上角处点击头像,进入新界面后点击"账户安全",进入账户安全界面后点击"认证管理",完成风险测评,如图10-1所示,得出自己的风险类型。

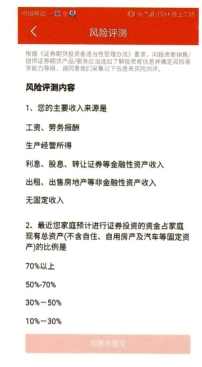

图 10-1　同花顺 APP 风险测评界面

任务二　证券投资组合管理

🔑 任务描述

假设你是某证券公司客户经理,你的客户有刚毕业的大学生,有事业有成的成功人士,还有年过半百的爷爷奶奶。面对投资,他们每个人的资金量不一样,风险承受能力不一样,风险偏好也不一致,但他们都想在一定风险范围内去扩大收益。你作为他们的客户经理,你认为怎么做可以达到投资者的预期收益,并且尽可能地降低或控制风险？你会建议他们配置什么样的金融资产呢？

🔑 任务要求

了解证券投资组合的基本含义和原理,理解投资组合管理的意义和特点,能够基本掌握资产配置和证券选择的组合策略。

🔑 任务实现

一、证券投资组合的含义与类型

证券组合管理理论最早由美国经济学家哈里·马科维茨于 1952 年提出。

马科维茨现代证券投资理论主要解释了投资者如何衡量不同的投资风险,如何合理组合自己的资金,以取得最大收益。他注意到一个典型的投资者不仅希望收益高,而且希望收益尽可能确定,这就意味着投资者在寻求预期收益最大化的同时,追求收益不确定性最小。马科维茨分别用期望收益率和收益率的方差来衡量投资的预期收益水平和不确定性(风险)。

投资学中的"组合"一词译自英文中的"portfolio",在投资学中通常是指投资者拥有的各种资产的总称。证券投资组合是投资者所持有的各种有价证券的统称,通常包括各种类型的债券、股票及存款单等。按照不同的投资目标,证券投资组合一般可以分为避税型、收入型、增长型、收入和增长混合型、货币市场型、国际型和指数化型等。

(1)避税型证券投资组合是一种特殊的证券组合,这种证券组合通常投资于市政债券,这种债券可免相应的税款。

(2)收入型证券投资组合追求基本收益(利息、股息)的最大化。能够带来基本收益的证券主要有付息债券、蓝筹股票、优先股及一些避税债券。

(3)增长型证券投资组合以资本升值(未来证券价格上升带来的价差收益)为目标。投资此类证券组合的投资者往往愿意通过延迟获得基本收益来求得未来收益的增长,这类投资者会购买普通股,投资风险较大。

(4)收入和增长混合型证券投资组合试图在基本收入与资本增长之间达到某种均衡,因此也被称为均衡组合。二者的均衡可以通过两种组合方式获得:一种是使组合中的收入型证券和增长型证券达到均衡;另一种是选择那些既能带来收益又具有增长潜力的证券进行组合。

(5)货币市场型证券投资组合是由各种货币市场工具构成的,如国库券、高信用等级的商业票据等,安全性很高。

(6)国际型证券投资组合可看作是全球资产配置,是投资于海外不同国家的证券产品。

(7)指数化型证券投资组合是跟踪某种市场指数。信奉有效市场理论的投资者通常会倾向于选择这种组合,以求获得市场平均收益水平。

二、证券投资组合管理的意义和特点

(一)证券投资组合管理的意义

1.降低风险

人们常常会用"篮子装鸡蛋"的例子来进行说明:如果我们把鸡蛋放在同一个篮子里,万一这个篮子不小心掉在地上,那么所有的鸡蛋都可能被摔碎;如果我们把鸡蛋分放在不同的篮子里,一个篮子掉了,不会影响其他篮子里的鸡蛋。同样,我们进行证券投资时,如果将所有的资金都投资于某一只股票,一旦事先的分析错误或者发生了对该股票不利的意外事件,该项投资就会遭到较大的损失。如果进行组合投资,随着持有证券数量的增加,由这种意外事件导致的单个证券的个别风险对整个组合的影响就会降低,证券组合的总风险也会降低。

2.减少投资的盲目性

对于普通投资者来说,证券投资价值分析和投资时机的选择不是一件容易的事,许多投资者都会遇到想投资而不知如何投资的问题,而组合投资可以解决投资者的这一困惑。通过组合投资,投资者将多种证券作为投资对象,可以在保证预定收益的前提下使投资风险最小,或在控制风险的前提下使投资收益最大化,从而避免了投资过程的随意性。

(二)证券投资组合管理的特点

1. 投资分散性

证券投资组合理论认为证券组合的风险随着组合中包含的证券数量的增加而降低,尤其是证券间关联性较弱的多元化证券组合,可以有效地降低非系统性风险,使证券组合的投资风险趋近于市场平均水平。

2. 风险与收益的匹配性

证券组合理论认为投资收益是对承担风险的补偿。承担的风险越大,收益越高;承担的风险越小,收益越低。因此,证券投资组合管理强调投资的收益目标与风险的承受能力相适应。

三、资产配置和证券选择的组合策略

从理论上看,构建投资组合首先要决定如何将资金分配到每一种资产上。如投资在无风险资产和风险资产上的资金比例;在股票、债券、黄金、房地产等不同类别的风险资产中,决定购买哪些类别的风险资产以及相应投资比例等。这种决策被称为资产配置。

在资产配置的基础上,你还要决定在每个资产类别中购买什么样的证券及资金比例。如你决定将60%的资金购买股票、40%的资金投资货币市场之后,你要决定购买哪些股票、哪些债券以及相应的投资比例,这个过程被称为证券选择。

投资人进行资产配置和证券选择时分别有主动投资和被动投资两种策略,资产配置和证券选择相结合形成四种不同的投资策略,如表10-1所示。

表10-1 资产配置和证券选择的组合策略

资产配置策略	证券选择策略	
	证券选择主动策略	证券选择被动策略
资产配置主动策略	主动策略+主动策略	主动策略+被动策略
资产配置被动策略	被动策略+主动策略	被动策略+被动策略

采用"主动+主动"投资策略时,投资人基于对不同类别资产的收益和风险分析,主动改变所持有不同类别资产的资金比例,将资金集中投放在预期收益率良好的资产类别上。另外,投资人还试图在每类资产中选择预期收益率高的证券。如投资人根据股票市场牛熊市转换规律,以及持续多年股票熊市的市场背景,在2019年初决定逐渐将投资房地产的资金套现,在未来适当加大股票的投资力度,并且以成长良好的小公司股票为投资重点。

采用"主动+被动"投资策略时,投资人基于对不同类别资产的收益和风险分析,主动改变所持有资产类别的资金比例,但不改变每类资产中的特定证券及资金比例。如投资人可能在某种债券基金和小公司股票基金中适时调整投资比例,以适应不同的市场环境。

采用"被动+主动"投资策略时,投资人不改变所持有的不同类别资产的资金比例,但会在每类资产中选择预期收益率高的证券。如执着于股票的投资人会选择此策略,将资金全部放在股票上,只专注于买卖各种公司股票。

采用"被动+被动"投资策略时,投资人既不改变所持有的不同类别资产的资金比例,也不试图在每类资产中选择预期收益率高的证券。"被动+被动"的典型代表是投资人将其资金全部放在某只指数基金上。

拓展阅读

猴子和专家谁更高明？

众所周知，对世界杯的预测让一只乌贼名满天下。2009年，对俄罗斯股市的预测，也让一只猴子一战成名。俄罗斯"Vesti"电视台报道称，2009年年初，俄罗斯"杜罗夫爷爷的角落"剧院的一只猴子，被俄罗斯《财经》周刊的金融实验选中，成为一名虚拟股票经纪人。实验中，这只名叫卢莎的猴子在30枚表示俄罗斯不同公司股票的骰子中，选择了8枚进行投资组合，并向它们投入100万虚拟卢布。同时它把自己的资产分为两半：一部分投入国有公司，另一部分则向私营企业投资。当2009年年底金融专家们对猴子卢莎所选股票投资总存量价值变化进行观察时，结果令此前持怀疑态度的人也大吃一惊。在过去的一年中，猴子卢莎购买的矿业公司股票上涨了约150%，电信企业股票增值240%。不过，为猴子卢莎带来最大收益的是银行业股票，涨幅达600%。猴子卢莎比大部分俄罗斯金融分析师赚的都多！或许有人会认为，猴子卢莎的买入时机，刚好处于股市底部，它运气好而已，但另外两个发生在华尔街的真实实验，则会改变很多人的成见。1967年6月，有一个美国参议员将《纽约时报》的股票版钉在墙壁上，用蒙眼掷飞镖的方式乱射，掷中哪家公司，就买该公司1000元股票。17年后获利470%。同一时间段内，只有极少数的几位基金经理业绩比他好。20世纪80年代末，《华尔街日报》出面组织了一场历时数年的著名公开竞赛，一方是一头会掷飞镖的大猩猩，另一方是当时华尔街最著名的股票分析师组成的若干专家组，结果还是大猩猩赢了。

巩固与练习

1. 投资组合理论由美国经济学家_____于_____年首次提出。
2. 证券投资组合的意义是_____和_____。
3. 证券投资组合的特点是_____和_____。
4. 假设你是某证券公司的客户经理，你的客户是一位高净值人士，事业有成，按照投资目标的不同，证券投资组合一般可以分为_____、_____、_____、_____、_____和_____，你认为他适合哪一种类型的证券投资组合？_____
5. 假设你掌管着100万元资金，准备用于证券投资，你会采取哪种投资策略？为什么？

任务三　证券投资风险防范技巧

任务描述

到目前为止,我们学习了关于证券投资的各种分析方法和策略,但要知道无论是基本面还是技术面,无论我们有着多么丰富的知识和投资经验,我们都不能忽视风险的存在。投资者必须学会如何防范证券投资风险,这也是考量一个投资者投资水平的重要方面。

任务要求

掌握证券投资的原则,能够在投资过程中遵循投资原则,能够选择正确、适合的投资技巧去防范或降低投资中的风险。

任务实现

一、遵循证券投资的原则

证券投资者一般在进行证券投资时,首先会进行相关资料的收集,对市场及证券投资工具有一个大致的了解,再通过研究分析,预测市场与证券价格的变动趋势,做出选股与择时的买卖决策。在决策时,一定要注意以下几个原则:

(一)分散投资与最佳组合原则

"不要把鸡蛋放在同一个篮子里",这也就是分散投资原则。投资者要将资金适时地按照不同比例投资于不同证券,以降低投资风险。当然分散投资并不意味着随意选择,而是要遵循最佳组合原则。投资者要将同一市场中的不同证券组合起来,构成一个合理的投资组合,以达到在风险一定的情况下收益最大或收益一定的情况下风险最小,追求投资均衡。

(二)理智投资原则

证券市场由于受到各方面因素的影响而处在不断变化之中,谁也无法准确预测行情变化。这就要求投资者在进行投资时不能感情用事,而应该冷静而慎重,善于控制自己的情绪,不能过多地受各种传言的影响,细心地比较各种证券,最后才决定投资的对象。

(三)本金安全原则

证券投资中收益和风险往往是相伴而生的,有收益就会有风险。投资风险的存在,使得投资者必须考虑安全性。在一定的风险条件下,投资者要将风险尽可能地降到最低。首先要明确自己的投资目标;其次要对自己的投资能力有一个准确的把握,并不断培养自己驾驭和承受风险的能力;最后在证券投资过程中尽力保护本金,增加收益,减少损失。

(四)能力充实原则

每个投资者都应该不断培养自己的证券投资能力,而这种能力的基础是投资知识和经验。掌握投资知识是从事投资的重要条件,没有知识的投资是盲目的投资。证券投资知识,包括与证券有关的金融知识、法律知识、数学知识。投资者可以通过书本学习、向别人请教获得知识和经验,也要通过自己的实践获得直接经验。证券投资经验包括成功的经验和失败的经验,投资者要不断积累经验,才能较准确地把握证券行情,这需要长时间的积累。

(五)剩余资金投资原则

投资必须有资金来源,资金来源无非是两个部分,一部分是自有资金,另一部分是借入资金。采取借入资金进行证券投资是不可取的,证券投资的资金必须是家庭较长时间闲置不用的剩余资金。这是因为证券投资是一种风险较大的经济活动,意味着赚钱和亏本的机会同时存在,如果把全部资金都投入证券,一旦发生亏损,就会危及家庭正常生活。所以,妥善可靠的做法是把全部资金合理分配,留足家庭生活的必备资金,所剩的长时间有可能闲置的资金,才能考虑用来进行证券投资。

二、证券投资的操作技巧

证券投资操作技巧需要投资者在投资过程中慢慢领悟,新手前期可用模拟软件去练习,从模拟中积累经验,等有了好的效果之后才建议去实战,这样可避免遭受不必要的损失。证券投资的常用操作技巧包括以下几项:

(一)顺势投资法

对于小额股票投资者来说,其资金量无法对股市行情产生影响,只能跟随股价走势,采取顺势投资法。一般来说,当股市的走势向上时,宜买进股票持有;而当股市行情向下时,则卖出手中的股票,持现观望。顺势投资法只有在探明涨跌形成中长期趋势或长期趋势时才可实施,而在短暂趋势时,则不宜冒险跟进。有时候,顺势投资也会不遂人意。例如,股价走势虽已明确为涨势,但已到涨势顶峰,此时若顺势买进,则可能因迅速的走势逆转而受损。采用顺势投资法必须注意:第一,善于判断股市涨跌趋势;第二,对于趋势及早确认并及时采取行动。这就需要投资者随时观察股市变化的征兆。

(二)摊平投资法

摊平投资法是指投资者在买进股票后,由于股价下跌,手中持有的股票形成亏损状态,当股价在下跌一段时间之后,投资者再低价加码买进一些股票从而摊平成本的投资方法。摊平投资法有两种,一种是逐次等数买进法,是指当第一次买进股票后便被套了,等股价下跌至一定程度后,分次买进与第一次数额相等的股票;另一种是倍数买进法,是指在第一次买进股票后,如果行情下跌,则第二次再买进第一次倍数的股票,以便摊平成本。

(三)"拨档子"投资法

所谓"拨档子"就是投资者卖出自己持有的股票,等股价下跌后再补回来的一种操作方法。投资者采用这种方法并非对股市看跌,也不是真正有意获利了结,只是希望在价格趋高时先行卖出,以便先赚回一部分差价。通常"拨档子"卖出与买回之间不会相隔太久,最短时只有一两天,最长也不过一两个月。这种投资法的具体操作又分为以下两种。第一种,行情上涨一段时间后卖出,回落后补进。这是多头在推动股价上涨时,见价位已上涨不少,或者遇到沉重的压力区就自行卖出,使股价略微回落来化解上涨阻力,以便于行情再度上涨的一种操作策略。第二种,行情下跌时,在价位仍较高时卖出,等下跌后再买回。这是套牢的多头或多头自知实力弱于空头时,在股价尚未跌到底部之前先行卖出,等股价跌落后再买回反攻的一种操作策略。

(四) 投资三分法

稳健的投资者在对其资金进行投资安排时,最常用的方法是投资三分法。这种方法是将资金分为三个部分,第一部分资金被存于银行,等待更好的投资机会出现,或者用来弥补投资的损失;第二部分资金用于购买股票、债券等有价证券进行长期投资,其中 1/3 用来购买安全性较高的债券或优先股,1/3 用来购买有发展前景的成长型股票,1/3 用来购买其他股票;第三部分资金用于购置房产等不动产。投资三分法是对投资组合原理的具体应用。

(五) 分段交易法

分段交易法包括分段买进法和分段获利法两种。第一种分段买进法。许多投资者倾向于采取谨慎的策略,他们不是将手中拥有的资金一次性投入购买某种股票组合,而是将所有的资金分成若干部分多次分段买进股票,这就是所谓的分段买进法。具体来说,当股价在某一价格水平时买进一批,然后等股价上涨一小段后再买进第二批,依次再陆续买进若干批次,这种分段买进法叫作均高。与这种情况相反的是,投资者在某一价格水平上买进一批,在股价下降一小段后再买进一批,以后再陆续买进若干批次,这种分段买进的方法叫作均低。这两种做法的区别是均高在投入资金后即可获利,而均低则是在价格下跌时先买进,等到股票价格反弹后才能获利。第二种分段获利法的具体做法就是当所购买的股票创下新的高价行情时,便将部分股票卖掉,及时赚取相应的差价,再将剩下的股票保留下来,一旦股票买价及交易量疲软时,即使股价下跌仍安心持有,因为你赚了部分差价,即使赔也不至于赔得太多。对于稳健保守的投资者来说,可以采用这一方法。

(六) 保本投资法

在经济不景气、股价走势脱节、行情变化难以捉摸时,投资者可采用保本投资法来避免自己的本金遭受损失。采用保本投资法时,投资者应先估计自己的"本",就是投资者心中主观认为的在最坏情况下不愿意损失的那部分金额,也就是处于止损点的资金额,而不是购买股票时所支付的投资金额。

保本投资的关键在于做出卖出的决策,在做出卖出股票的决策时,首先要定出心目中的"本",做好充分的亏损打算,而不愿亏损的那部分即为"本";其次要确定卖出点,即所谓的止损点,止损点是当行情下跌到投资者心中的"本"时,立即卖出,以保住最起码的"本"的那一价位。简而言之,就是投资者在行情下跌到一定比例的时候,全部卖出所有持股,以免蒙受更多损失。

 拓展阅读

基金定投

大部分初入证券市场的投资者都比较毛躁,易冲动,经常一下子满仓或者低位割肉等。对新手来说,不妨尝试基金定投。基金定投具有积少成多、摊平成本、无须择时、利滚利等优点,能够有效降低投资风险。开始定投时,可能会走出一段先下跌后上升的过程,这一段"开始定投—持续买入—开始获利"的收益率曲线,俗称"微笑曲线",如图 10-2 所示。

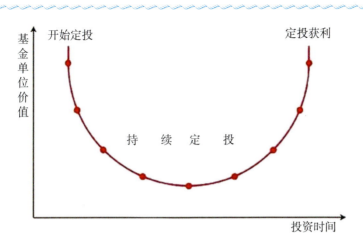

图 10-2　基金定投微笑曲线

基金定投比较适合业绩好且波动大的基金或指数型基金。根据经验,基金定投一般能够给投资者带来长期的投资回报,但是需要坚持几点原则:

(1)持之以恒,不要断了现金流;
(2)挑选合适的基金,越跌越投,捡够便宜筹码;
(3)长期持有,坚持 3~5 年,走过一个完整的微笑曲线;
(4)为自己设置一条止盈线。

巩固与练习

1.阅读下面这个案例,从彼得·林奇的部分黄金法则中,你可以得到哪些启发?请分析总结出自己的投资原则。

彼得·林奇,是一位杰出的股票投资者和基金经理。彼得·林奇在他的两本书《华尔街上的人》和《击败华尔街》中解释了他是如何进行投资分析的。以下是彼得·林奇书中总结的 25 条投资黄金法则部分摘抄:

(1)投资很有趣、很刺激,但如果你不下功夫研究基本面的话,那就会很危险。

(2)每只股票后面其实都是一家公司,你得弄清楚这家公司到底是如何经营的。

(3)经常出现这样的事:短期而言,比如好几个月甚至好几年,一家公司的业绩表现与其股价表现毫不相关;但是长期而言,一家公司的业绩表现与其股价表现肯定是完全相关的。弄清楚短期和长期业绩表现与股价表现相关性的差别是投资赚钱的关键。同时,这一差别也表明,耐心持有终有回报,选择成功企业的股票方能取得投资成功。

(4)想着一旦赌赢就会大赚一把,于是大赌一把,结果往往会大输一把。

(5)把股票看作你的孩子,但是养孩子不能太多,投资股票也不能太多,太多你就根本照顾不过来了。一个业余投资人,即使利用所有能利用的业余时间,最多也只能研究追踪 8~12 只股票,而且只有在条件允许的情况下才能找到机会进行买入卖出操作。因此,我建议业余投资者在任何时候都不要同时持有 5 只以上的股票。

（6）股市中经常会出现股价大跌，就如同东北地区严冬时经常会出现暴风雪一样。如果事先做好充分准备，根本不会遭到什么损害。股市大跌时那些没有事先准备的投资者会吓得胆战心惊，慌忙低价割肉，逃离股市，许多股票会变得十分便宜，对于事先早做准备的投资者来说反而是一个低价买入的绝佳机会。

（7）每个人都有投资股票赚钱所需要的知识，但并非每个人都有投资股票赚钱所需要的胆略，有识且有胆才能在股票投资上赚大钱。如果你在股市大跌的恐慌中很容易受别人影响，吓得赶紧抛掉手中所有的股票，那么胆小怕跌的你最好不要投资股票，也不要投资股票型基金。

（8）总是会有事让人担心。不要为周末报刊上那些危言耸听的分析评论而焦虑不安，也不要理会最近新闻报道中的悲观预测言论，不要被吓得担心股市会崩盘就匆忙卖出。放心，天塌不下来。除非公司基本面恶化，否则坚决不要恐慌害怕而抛出手中的好公司股票。

（9）如果你有胆量投资股票，却没有时间也没有兴趣做功课研究基本面，那么你的最佳选择是投资股票型基金。你应该分散投资于不同的股票基金。基金经理的投资风格可分为成长型、价值型、小盘股、大盘股等，你应该投资几种不同风格的股票投资基金。注意：投资于 6 只投资风格相同的股票基金并非分散投资。

投资者在不同基金之间换来换去，就会付出巨大的代价，得支付很高的资本利得税。如果你投资的一只或几只基金业绩表现不错，就不要随便抛弃它们，而要坚决长期持有。

（10）长期而言，投资于一个由精心挑选的股票或股票投资基金构成的投资组合，业绩表现肯定要远远胜过一个由债券或债券基金构成的投资组合，但是投资于一个由胡乱挑选的股票构成的投资组合，还不如把钱放在床底下更安全。

_____
_____
_____
_____
_____
_____
_____
_____

2. 打开同花顺 APP，进入首页后点击"基金"，进入"爱基金"后点击"定投专区"，找出基金定投的口号_____，运用"定投计算器"计算某只基金的定投收益，并根据计算结果，想一想是否应该开始你的定投之旅。

步骤如下：如图 10-3 所示，选择一只你感兴趣的基金，基金名称为_____，设置定投金额_____元（起投金额 100 元），定投方案_____（每月定投、每两周定投、每周定投、每交易日定投），定投日期_____（每月 1 号—28 号），定投时段_____（可以回溯到 2015 年至今），点击"立即计算"，得出总期数_____期，总投入_____元，期末收益_____元，期末收益率_____%，并得到一条定投收益曲线。

图 10-3 同花顺 APP 定投计算器

附录

ZHENGQUAN TOUZI SHIWU

附录A 股市常用术语

1. 蓝筹股

蓝筹股是指在某一行业中处于重要支配地位、业绩优良、交投活跃、红利优厚的大公司的股票,在一些地方也将蓝筹股视为"绩优股"。这类公司股本规模大,盈利能力稳定,每年给股东较高的回报,股价走势稳健,在行业景气和不景气时都有能力赚取利润,风险较小。

2. 红筹股

红筹股是指在中国境外注册、在香港上市的带有中国内地概念的股票。

3. 绩优股

绩优股是指那些业绩优良,但增长速度较慢的公司的股票。国内外关于绩优股的定义有所不同。在我国,投资者衡量绩优股的主要指标是每股税后利润和净资产收益率。一般而言,每股税后利润在全体上市公司中处于中上地位、公司上市后净资产收益率连续三年显著超过10%的股票当属绩优股之列。

4. 成长股

成长股是指公司的规模和业绩持续增长,而且增长水平超过市场平均水平的公司股票。公司的销售额和利润额持续增长,而且其速度快于整个国家和本行业的增长。这些公司通常有宏图伟略,注重科研,留有大量利润作为再投资以促进其扩张。由于公司再生产能力强劲,随着公司的成长和发展,所发行的股票价格也会上升,股东便能从中受益。

5. 垃圾股

垃圾股是指或者由于行业前景不好,或者由于经营管理不善,导致公司业绩持续微利或亏损,尤其是部分连续亏损的股票。其股票在市场上的表现为萎靡不振、股价走低、交投不活跃、年终分红也差。

6. 黑马股

黑马股是指股票价值还没有被市场广泛认知,现阶段涨幅还不大,但是后市有望出现爆发性上涨的股票。

7. 白马股

白马股是指长期绩优、回报率高并具有较高投资价值的股票。因其有关的信息已经公开,业绩较为明朗,同时又兼有业绩优良、高成长、低风险的特点,因而具备较高的投资价值,往往为投资者所看好。市场表现大多为持久的慢牛攀升行情,有时也表现出较强的升势。市场上较为通行的衡量白马股的指标主要有每股收益、每股净资产、净资产收益率、净利润增长率、主营业务收入增长率和市盈率。

8. 权重股

权重股是指总股本巨大的上市公司股票,它的股票总数占股票市场股票总数的比重大,权重就很大。权重股的涨跌对股票指数的影响很大。

9. 热门股

热门股是指交易量大、流通性强、股价变动幅度较大的股票。

10. 操盘

操盘是一个金融领域的专用术语，在股票、期货、外汇等市场上都有这个概念，是指具备严格的投资纪律和科学的资金分配管理方案，有计划、有预谋地对目标品种进行技术性买进和卖出的（数额较大的）操作行为。

11. 操盘手

操盘手可以是个人也可以是机构，通常来说操盘手是被委托者，他们需要通过一些熟练的技巧与经验帮助大户进行股票交易，他们的工作内容通常是控制盘面以及减少风险的发生，并不是单纯地靠微小点差来积累盈利。

12. 两融

两融指的是融资融券交易，分为融资交易和融券交易。融资交易就是投资者以资金或证券作为质押，向券商借入资金用于证券买卖，并在约定的期限内偿还借款本金和利息。融券交易是投资者以资金或证券作为质押，向券商借入证券卖出，在约定的期限内，买入相同数量和品种的证券归还券商并支付相应的融券费用。总体来说，融资融券交易的关键在于一个"融"字，有"融"投资者就必须提供一定的担保和支付一定的费用，并在约定期限内归还借贷的资金或证券。简单来说，融资交易为借钱做多，融券交易为做空。

13. 两融余额

两融余额是"融资融券余额"的简称，是一种可以衡量股票市场多空变化的市场数据。在同花顺 APP，个股分时走势图界面点击"资金"，可以查看该个股融资融券分析。

融资余额大增：通常表示市场人气景气，投资者普遍看涨，因此大盘短期可能有起色。如果融资余额表现在单一股票上面增加，一般表示投资者对该股票看多，因此后市该股票上涨概率大。

融券余额大增：融券因为是做空机制，所以融券余额大增，说明看空的投资者增加，大盘有回调的可能。反映到个股上面，表示看空投资者多，短期最好不要买进，该股有回调的风险。

14. 沪港通

沪港通是指上海证券交易所和香港联合交易所允许两地投资者通过当地证券公司（或经纪商）买卖规定范围内的对方交易所上市的股票，是沪港股票市场交易互联互通机制。在同花顺 APP 个股分时走势图界面，点击"资金"，可以查看该个股沪深港通分析。

15. 深港通

深港通指的是深圳证券交易所和香港联合交易所有限公司建立技术连接，使内地和香港投资者可以通过当地证券公司或经纪商买卖规定范围内的对方交易所上市的股票，属于深港股票市场交易互联互通机制。

16. 陆股通

陆股通是沪股通和深股通的统称，境外投资者可以通过陆股通这个渠道来购买 A 股。沪股通和深股通统称为北上资金，北上资金对市场和行业景气度比较敏感，流入一般是认为当前国内股票具有投资价值。

北上资金流入对国内股票有刺激作用，一般流入越多越好；相反，流出越多，可能会造成股票极端的下跌行情。

17. 量化交易

量化交易是指借助现代统计学和数学的方法，利用计算机技术来进行交易的证券投资方式，极大地减少了投资者情绪波动的影响，避免在市场极度狂热或悲观的情况下，做出非理性的投资决策。

18. 牛皮市

牛皮市指在所考察交易日里，证券价格上升、下降的幅度很小，价格变化不大，市价像被钉住了似的，如牛皮之坚韧。在牛皮市上往往成交量也很小，牛皮市是一种买卖双方力量均衡时的价格行市表现。

19. 老鼠仓

老鼠仓指基金经理等人用自有资金买入股票后，用他人资金（如自己控制的机构资金、证券投资基金资金）拉高相应股票价格，通过出售个人所购买的股票进行盈利的行为。

《中华人民共和国刑法修正案（七）》对包括老鼠仓在内的违规行为有明确涉及，情节严重的，处五年以下有期徒刑或者拘役，并处或者单处违法所得一倍以上五倍以下罚金；情节特别严重的，处五年以上十年以下有期徒刑，并处违法所得一倍以上五倍以下罚金。

20. 复权

复权分前复权和后复权，所谓前复权就是保持现在价格不变，将过往派息送股的累积数额进行向下调整，从而保持股票价格走势的连续性。

后复权则是保持初始价格不变，也就是上市什么价就是什么价，对以后的每次分红都进行相应累加，最终看到现在的股价可能会很高。因此，为了方便起见，投资者习惯用前复权来看盘，这个既保持了连贯，又与当前价格相吻合。

21. 隔夜外盘

隔夜外盘是指西方国家的盘子（"外"指国外，"夜"指夜间），因为他们的交易时间是我们的夜晚，所以叫隔夜盘。隔夜盘中对A股影响较大的是美股走势。隔夜盘涨对买方有利，隔夜盘跌对卖方有利。在全球金融一体化的今天，买股票不光要关注国内市场，也要关注国外市场。

22. 停牌

停牌是指股票由于某种消息或进行某种活动，可能引起股价的连续上涨或下跌，由证券交易所暂停其在股票市场上进行交易。待情况澄清或企业恢复正常后，再复牌在交易所挂牌交易。

23. 骗线

骗线是指大户利用股民们迷信技术分析数据、图表的心理，故意抬拉、打压股指，致使技术图表形成一定线型，引诱股民大量买进或卖出，从而达到他们大发其财的目的。这种欺骗性造成的技术图表线型称为骗线。

24. 注册制

股票发行注册制是指发行人申请发行股票时，必须依法将公开的各种资料完全准确地向证券监管机构申报。证券监管机构的职责是对申报文件的全面性、准确性、真实性和及时性做形式审查，不对发行人的资质进行实质性审核和价值判断，而将发行公司股票的良莠留给市场来决定。目前在中国内地，科创板、创业板和北交所均实施注册制。

25. ETF 基金

ETF 基金,交易型开放式指数基金,通常又被称为交易所交易基金(exchange traded fund)。从定义上明显可以看出,它是属于指数基金的一种,是在证券交易所上市交易的,即场内交易,是基金份额可变的开放式基金。

26. ETF 联接

ETF 联接,简单来说就是买 ETF 基金的基金,一般以不低于 80% 的仓位投资于该标的 ETF 基金。

27. LOF 基金

LOF(listed open-ended fund)基金,即上市型开放式基金。LOF 基金发行结束后,投资者既可以在指定网点申购与赎回基金份额,也可以在交易所买卖该基金。不过投资者如果是在指定网点申购的基金份额,想要上网抛出,须办理一定的转托管手续;同样,如果是在交易所网上买进的基金份额,想要在指定网点赎回,也要办理一定的转托管手续。

28. FOF 基金

FOF 基金是指主要投资基金的基金。简而言之,其实就是买一只 FOF 基金,相当于买了一篮子基金。

29. 伞形基金

伞形基金是指在一个母基金之下再设立若干个子基金,各子基金独立进行投资决策的基金运作模式,其基金所募集的资金,会投资于股票、债券、货币等市场。伞形基金,其内部可以为投资者提供多种选择,投资者可根据自己的需要转换基金类型,不用支付转换费用,在一定程度上降低了投资者的交易成本。

30. QDII 基金

QDII 基金简单来说,就是国内投资者投资海外资产的基金。

31. 仙股

仙股就是指其价格已低于 1 元,只能以分作为计价单位的股票。

仙股之说,最初源于香港的股市,是特别指市值跌至 1 元以下的股票,在美国股市上如果股票长期低于某一价格就会被摘牌。这种说法多半来源于投资者对股票的调侃,因为已经低于 1 元,马上就要退市"升仙"。

32. 科创板

科创板全称"科技创新企业股份转让系统",其定位是服务科技型、创新型中小微企业的专业化市场板块,为上交所、全国股转系统等相关多层次资本市场孵化培育企业资源,代码以 688 开头。

33. 割肉

割肉是指高价买进股票后,大势下跌,为避免更大损失,低价赔本卖出股票。

34. 坐轿子

预测股价将上涨,抢在众人前以低价买进,待众多散户跟进,股价节节升高后,卖出获利。

35. 抬轿子

在别人早已买进后才醒悟,也跟着买进,结果是把股价抬高让他人获利,而自己买进的股价已非低价,无利可图。

36. 下轿子

坐轿客逢高卖出、获利结算为下轿子。

37. 配股

简单说,配股是一种融资行为,指上市公司根据发展需要,按法定程序,向原股票股东按其持股比例,以低于市价的某一特定价格配售一定数量新发行股票。

38. 送股

送股也称"派股",将利润转化为股本。送股后,上市公司的资产、负债、股东权益的总额结构并没有发生改变,但总股本增大了,同时每股净资产降低了。

附录 B 股票代码前常见字母的含义

(1)证券简称前带有"XR",是指除权,当日股票代码前有 XR 的股票会进行送股,也就是持有股数会相应增加,跟派息一样,只有除权登记日购买或持有该股票的投资者才有资格享受送股,除权日当天购买这样的股票是不会享有送股的。

(2)证券简称前带有"DR",是指除权除息,当日有此代码的股票会同时进行送股和派息,分红的方式也与单独除息或除权一样。

(3)证券简称带有"XD",表示股票除息,当日有 XD 代码的股票会派发股票分红权利,也就是派息,分红的资金会直接打到投资者的股票账户上面,投资者可以点击查询资金流水,会有详细的显示,但只有登记日购买或持有该股票的投资者才有资格享受除息,在除息日当天购买这样的股票是不会享有派息的,所以用代码特别标识提示。

(4)证券简称前带有"ST",ST 是英文 special treatment 的缩写,意思是"特别处理",ST 股是指境内上市公司经营连续两年亏损,被进行退市风险警示的股票。

(5)证券简称前带有"＊ST",是连续三年亏损,有退市风险的意思,俗称披星戴帽。

(6)证券简称前带有"N",是指新股上市首日,即英文字母 new 的意思。

附录 C A 股市场谚语、俗语

(1)市场永远是对的。

(2)股不在好,有庄就灵。

(3)选股选蓝筹,投资选绩优。

(4)吃菜要吃白菜心,选股要选龙头股。

(5)什么都可以骗人,唯有成交量是真实的。

(6)行情在绝望中产生,在犹豫不决中上涨,在一片欢腾中落幕。

(7)会买的是徒弟,会卖的是师傅,会空仓的是祖师爷。

(8)温柔的阴跌是陷阱,残酷的暴跌是机会。

(9)宁可错过,不可做错。

(10)你不理财,财不理你。
(11)底部是走出来的,不是猜测出来的。
(12)人人买时我卖出,人人卖时我买进。
(13)高位十字星,不走变穷人。
(14)河中无水难行船,股市无量难做多。
(15)吃鱼吃中段,头尾留别人。
(16)牛市不言顶,熊市不言底。
(17)利空出尽是利多,利多出尽是利空。
(18)千金难买牛回头。牛市的每次回调都是买点,熊市的每次反弹都是卖点。
(19)牛市满仓睡大觉,熊市空仓买债基。
(20)每天进出,非赔即输;操作频繁,必将输完。
(21)缩量不跌,筑底成功;放量不涨,头部将现。
(22)要想做短线,先看5日线。
(23)长线是金,短线是银,波段是钻石。然而钻石并非人人可得。
(24)买股时勿冲动,卖股时要果断。
(25)心态第一,策略第二,技术第三。
(26)看不懂、看不准、没把握时坚决不进场。
(27)先学会做空,再学会做多。
(28)炒股不止损,早晚亏老本。